역사로 읽는

미중 패권전쟁

역사로 읽는 미중 패권전쟁

펴 낸 날 2025년 6월 30일

지 은 이 문대근
펴 낸 이 이기성
기획편집 김정훈, 이지희, 서해주, 최인용
표지디자인 김정훈
책임마케팅 강보현, 이수영
펴 낸 곳 도서출판 생각나눔
출판등록 제 2018-000288호
주　　소 경기도 고양시 덕양구 청초로 66, 덕은리버워크 B동 1708, 1709호
전　　화 02-325-5100
팩　　스 02-325-5101
홈페이지 www.생각나눔.kr
이 메 일 bookmain@think-book.com

- 책값은 표지 뒷면에 표기되어 있습니다.
  ISBN   979-11-7048-874-3 (04300)
  ISBN   979-11-7048-873-6 (세트)

Copyright ⓒ 2025 by 문대근 All rights reserved.
· 이 책은 저작권법에 따라 보호받는 저작물이므로 무단전재와 복제를 금지합니다.
· 잘못된 책은 구입하신 곳에서 바꾸어 드립니다.

역사로 읽는
미중 패권전쟁

 vs

문대근 지음

역사를 통해 미중 패권전쟁의 현재·미래를 통찰할 수 있는 중국통의 책
세계사의 중심축이 중국·아시아로 이동하고 있다

생각나눔

글을 열며

미중관계가 시험해 온 한반도

1985년 3월, 장충동 통일연수소 칠판 위에 흰 두루마리가 펼쳐졌다. 국제정치학 큰 문제는 '한미·북중관계 같은 비대칭 동맹관계를 국제정치이론으로 설명하라!', 작은 문제는 'NPT'였다. 무릇 통일꾼이 되려는 자는 한반도 문제의 핵심 변수인 미중관계와 북핵문제를 모르면 안 된다는 것이었다.

삼청동 남북대화사무국에서 시작한 필자의 통일대화 업무는 신명

나는 일이었다. 한반도 평화·통일은 누가 뭐래도 남북한이 대화하고 협력하면 앞으로 나아갈 줄 알았다. 착각이었다. 남북 합의는 사상누각(沙上樓閣)이고, '시지프스 신화의 바위' 같은 것이었다. 남북한관계가 가다 서다를 반복할 때 미중관계와 북핵문제는 서로 속닥이며 한반도를 시험하고 또 시험했다. 2010년부터 미국이 '아시아로 회귀'하고 미중관계가 전략적 경쟁으로 치닫자 한국의 평화통일 노력은 물거품이 되었다.

구조인 미중관계는 한반도 운명과 상황을 좌우하는 핵심변수였다. 천안함 사건 이후 노무현 정부가 애써 키운 남북평화협력의 기반들은 모두 무너졌다. 개성공단 개발과 남북철도·도로 연결 등 대북지원 사업을 담당했던 포용정책론자가 설 땅은 없었다. 도라산과 와룡산 밑 사무실은 넓고 조용했다.

남북한관계 연구는 필요도, 쓸모도 없는 부질없는 일이 되었다. 필자에게 부업이었던 중국과 미중관계 연구가 본업이 되었다. 공부하기 좋은 여건은 지독한 일벌레를 공부벌레로 만들었다. 2009년에는 『한반도 통일과 중국』, 2013년에는 3년 만에 대학원을 졸업하고 학위논문을 『중국의 대북정책』으로 발간했다. 2020년과 2021년에도 각각 1권의 책들을 발간할 수 있었다. 종속변수인 남북·한중·북중관계 연구는 결국 독립변수인 미중관계 연구로 귀착되었다.

시리즈 책 3권은 40년 학습·열정의 완결판

2015년 공직 명퇴 후부터 오늘날까지 필자는 미중관계를 연구했다. 2018년 미중 패권전쟁이 발발하고 미중관계와 국제질서가 급변하자 공부할 일들이 많아졌다. 그간의 연구물들을 종합 정리해 출간하는 구상을 구체화해 나갔다. '미중 패권전쟁'을 대주제로 4개의 소주제로 분류해 브런치스토리라는 플랫폼을 이용, 글을 썼다. 2023년 말부터 14개월 동안 매주 브런치스토리에 1개의 글을 등록하며 4개의 브런치북을 완성할 수 있었다.

총 57개, 35만 자의 글은 필자의 40년 통일 학습과 30년 중국 학습, 10년 미중관계 학습의 완결판이었다. 극한작업 같았던 글쓰기를 계획대로 해낸 것은 뿌듯한 것이었다. 못다 이룬 통일꾼의 꿈, 작가로서의 시대적 소명 같은 것, 미중관계 연구에서 일가를 이루고 싶은 개인적 포부가 채찍으로 작용했다.

무엇보다 미국과 중국이 패권전쟁 중인 상황에서 한국에 불행한 역사가 반복될 수 있다는 생각이 필자를 추동(推動)했다. 임란과 호란, 6·25전쟁 등 한반도가 참화를 당할 때는 지금과 같이 주변 강대국들이 패권전쟁할 때였다. 그때마다 조선·한국은 지피지기가 전혀 안 돼 속수무책이었다.

역사의 반복이다. 과거 정보와 정책 실패를 초래한 진영의 논리가 오늘날 중국과 미중관계에 대한 한국인들의 인식을 지배하고 있다.

세계에서 미중관계 변화의 영향을 가장 많이 받고 있는 한국이 미국과 중국을 잘 모른 채 거꾸로 가고 있다. 관련 한국인들의 의식은 변화하고 있는 현실과 괴리가 크다. 국제사회의 일반적 경향과 정반대, 조선의 소중화(小中華) 사상과도 같은 한미동맹 신화가 가스라이팅하고 있다. 대다수 한국인들은 중국이 곧 미국에 굴복하고 붕괴할 것으로 믿는다.

『미중 패권전쟁 이해 시리즈 1~3권』은 이런 문제인식에서 출발했다. 요지는 한국의 운명을 가를 수 있는 미중 패권전쟁과 관련한 역사와 현재, 미래를 등을 두루 살펴, 지각변동의 위기를 한국의 역사적인 대전환의 기회로 만들자는 것이다. 이에 따라 제1권 제목은 『역사로 읽는 미중 패권전쟁』, 제2권은 『미중 패권전쟁 현황과 전망』, 제3권은 『미중 패권전쟁과 한국의 선택(Korexit)』으로 정했다.

이 시리즈 책만의 특장점 3가지

가장 큰 특징은 3권의 책이 미중 패권전쟁을 잘 이해하는 데 필요한 과거와 현재, 미래의 모든 것들을 담고 있다는 것이다. 패권과 관련한 역사와 강대국의 흥망, 패권전쟁의 원인뿐만 아니라 한반도 문제와 국제질서·정세도 정리했다. 미국과 중국은 어떤 나라이고, 우리에게 무엇인가? 미중 사이에서 한국이 갈 길은 어디인지도 상상할 수 있게 돕는다.

또 다른 특징은 선비연하며 파레시아(parreshia)를 추구하는 작가가 용기를 내 쓴 글이라는 점이다. 플라톤은 "세상이 가장 미워하는 사람은 진실을 말하는 사람"이라고 했다. 그렇다고 가짜뉴스와 거짓·왜곡에 우리의 운명을 맡길 수는 없지 않은가? 사즉생(死卽生)의 각오로 쓴 글에 어떤 편향이나 거짓·왜곡이 들어갈 공간은 없었다.

세 번째 특징은 시종 미중 패권전쟁에서 역사의 시간은 중국 편이고, 중국 중심의 아시아 시대가 온다고 말한다는 것이다. 필자는 미중 패권전쟁 발발 직후부터 중국이 곧 굴복하지 않을 것이라고 주장했다. 필자는 오래전부터 매일 미중관계의 변화를 체크해 왔다. 감히 제1중국통으로서 자신이 있었다.[1] 3권의 책은 곳곳에서 '미국이 왜 중국을 굴복시킬 수 없고, 중국이 미국을 추월할 수밖에 없는가?'를 상세하게 논한다.

---

[1] 필자는 한국 외교부 중국통(OOO)과 중국 외교부 한국통(싱하이밍)으로부터 전문가라는 말을 들었다. 2012년 날, 2001년경 주중 한국대사관에서 근무했던 한국 외교부 직원으로 북경 인민대에서 국장 직무연수 중이라는 분이 이메일에 이렇게 써주었다. "현지에 와서 보니 (필자의 2009년 발간) 책이 중국정부의 대 한반도 정책을 하나하나 그대로 짚고 있어 놀랍다. …" 1년 뒤쯤 그분은 박근혜 정부 청와대 국가안보실 (중국담당) 비서관으로 근무하고 있었다. 2013년 6월 13일, 소공동 롯데호텔, 탕자쉬안(唐家璇) 전 중국 외교담당 국무위원 방한 초청간담회 참석자 소개 시 우리 측 (사)한중친선협회 회장(이세기 전 통일부 장관)은 필자를 "중국을 열심히 공부하는 통일부 공직자"라고 소개했다. 직후 탕 위원의 수행원으로 온 싱하이밍(邢海明) 당시 중국 외교부 아시아국 국장은 필자를 "한국 제일(第一名)의 중국 전문가"라고 덧붙여 소개했다. 2020년부터 4년 동안 주한 중국대사를 역임한 싱하이밍은 필자의 주중 한국대사관 근무 시(1999~2001) 중국측 업무 협력파트너였다.

중국 중심의 아시아 시대가 오고 있다.

　이제 7년 미중 패권전쟁의 끝이 보이고 있다. 미국은 중국의 부상·굴기를 저지하지 못했다. 오바마 정부에서부터 17년 동안 계속돼온 미국의 국가 '재건' 노력도 성과 없이 악화일로다. 촘촘한 미국의 대 중국 규제는 오히려 중국의 자립을 위한 기술 혁신을 자극, 부메랑이 되고 있다.

　2025년 초, 중국은 거의 매주 게임체인저급 첨단기술을 쏟아내고 있다. 미중 전쟁의 최후 승부를 좌우할 고성능 AI칩, 양자컴퓨팅·통신, 전기차·배터리, 무인드론로봇, 비핵수소폭탄, 극초음속미사일, 우주개발 기술에서 미국을 앞서기 시작했다. 4차 산업혁명을 선도하는 중국이 미국과 맞짱을 뜨며 힘의 균형을 무너뜨리고 있다. 반면, 미국의 국가 과제인 '미국병' 치유와 관세폭탄을 활용한 제조업 활성화는 그 구조적 환경이 녹록지 않다. 2025년 1/4분기 경제성장률은 미국이 -0.3%, 중국은 +5.4%였다.

　오늘날 미국의 과다한 군사비와 재정악화, 무분별한 관세폭탄 등에 따른 외우내환(外憂內患)은 로마제국 말기의 여러 징후들을 연상케 한다. 2025년 1월 1일, 미국의 한 현역 군인은 "미국이 불치병으로 붕괴하고 있다"는 메모를 남기고 자폭했다. 2025년은 미중관계 역사에서 변곡점이 될 것이다.

시리즈가 역사부터 시작하는 이유

 이 책이 먼저 패권 관련 역사를 읽어 온고이지신(溫故而知新)하는 이유는 우선, 역사가 그 뿌리이고, 지식의 보고이기 때문이다. 과거는 현재에 영향을 미치고 있다. 역사를 알면 미국과 중국, 미중관계의 현재와 미래를 통찰할 수 있다. 특히 한 국가의 역사는 그 나라의 정체성과 사고방식은 물론 행동양식을 결정한다.
 미중 패권전쟁은 동·서양 문명의 끝판왕들인 미국과 중국이 벌이는 역사적인 승부다. '중화민족의 위대한 부흥'을 꿈꾸는 중국과 '다시 위대하게 재건'해 천년 로마제국을 꿈꾸는 미국 간의 대결이다. 고대 그리스의 패권전쟁과 로마제국, 중화제국의 흥망을 보면 현재의 미국과 중국, 양국관계가 훤히 보인다.
 역사는 우리에게 수천 년의 역사 속에서 검증된 자연의 이치와 반복되는 법칙을 말한다. 강대국 G2 간의 경쟁은 불가피하다. 모든 제국의 절대 권력은 절대 부패해 자멸했다. 한번 쇠락의 길로 접어든 제국의 역사는 되돌릴 수 없었다. 세계는 마치 자연의 법칙처럼 신질서를 추구하는 국가가 등장했다. 반복된 역사 속에서 미국 중심의 서구 시대가 저물어 가고, 중국 중심의 아시아 시대가 다가오고 있다.
 도발적이고 논쟁적일 수 있는 필자의 주장이 우리 사회에서 공론화의 계기가 되면 좋겠다. 반중 물결이 거센 국내 분위기 속에서 절대 포기하지 않고, 사실만을 말한다는 각오로 임했다. 불리(不利益

)는 참아도 불의(不正義)는 참지 못하는 성미다. 어떤 편견과 선입견 없이 미중관계의 현재와 미래를 소신껏 썼다. 진영의 논리와 서구적 가치관에 매몰된 중국을 역사와 한국의 눈으로 볼 수 있도록 비판적 분석과 의견들도 담았다.

수천 년의 역사에는 모든 것이 있다. 부디 역사를 통해 미국과 중국, 미중관계에 대한 보다 넓은 식견과 안목을 갖게 되기를 바란다. 천하의 대세와 역사의 흐름을 파악하고, 변화하고 있는 국제질서와 다가오는 신세계를 그려볼 수도 있을 것이다. 배가된 지식으로 각성하고 경계하는 민주시민들은 새로운 세상에서 새로운 역사를 쓰는 주역이 될 줄 믿는다.

2025년 5월 28일

저자 문대근 씀

차 례

글을 열며   5

제1부 왜 '투퀴디데스'인가

01. 과거는 현재와 미래를 비추는 거울   18
02. 멀리 되돌아볼수록 더 먼 미래가 보인다   30

제2부 동·서양문명의 원천

01. 서양문명의 원형   40
02. 중화문명의 원류   52

제3부 서구 패권 제국의 DNA

01. 그리스의 흥망과 패권전쟁   74
02. 로마제국의 융성과 멸망   93

제4부 중화 패권 제국의 DNA

01. 중화제국의 흥망성쇠   114

02. 중국식 패권(중화질서)의 특색   134

제5부 세계 패권의 속성과 조건

01. 패권 의미의 변천   158

02. 패권의 속성과 특징   168

03. 패권국이 될 수 있는 조건   175

제6부 세계 패권의 공간·지역 이동

01. 공간 : 대륙 → 바다 → 하늘 → 우주·사이버   184

02. 지역 : 저무는 미국·유럽, 떠오르는 중국·아시아   198

03. 세계질서 변동의 주원인   234

제7부 미중 간의 패권전쟁은 문명충돌

01. 서로 다른 동서 문명의 DNA   250

02. 미국과 중국의 국제질서관   255

03. 전쟁의 본질은 동서 문명충돌   265

    글을 마치며   272

    참고 문헌   280

제1부

왜 '투퀴디데스' 인가

01

과거는 현재와 미래를 비추는 거울

　미국의 쇠락과 중국의 굴기로 인한 미중 패권전쟁은 천하대란이고, 지각변동이다. 과거에 늘 그랬듯이 다시 한반도가 위험하다. 어떻게 하면 이 전쟁을 잘 이해할 수 있을까?

　답은 관련 역사를 살피는 것이다. 역사적 사례(史例)는 경험과학에서 최선의 증거력을 갖고 있다. 강대국의 흥망성쇠와 세력전이 과정에서 벌어진 패권전쟁의 역사는 더욱 그렇다.[2]

　2500년 전 『펠로폰네소스 전쟁사(역사)』를 쓴 그리스 역사가 투퀴디데스(B.C. 460?~400?)는 미중 패권전쟁을 예견한 듯 책 머리에 집필 동기를 이렇게 썼다.

　"인간사에서는 미래가 과거를 그대로 답습하지 않지만 닮은 측면이 있다. 만약 인간의 본성에 따라 언젠가 비슷한 형태로 반복될 미래를 예측하고 대비하려는 사람이라면, 내가 쓴 이 역사의 기술이 유

2　고대의 국가 사회에서는 전쟁과 제례(祭禮)가 가장 큰 일이었다. 카를 폰 클라우제비츠 저·류제승 역, 『전쟁론』, 책 세상, 1998, p.144

용할 것이다."[3]

  역사는 그대로 반복되지 않을 뿐 그 패턴·운율을 반복한다. 오늘날 굴기하는 중국과 쇠락하는 미국과의 관계는 고대 그리스에서 부상한 아테네와 기존의 지배 세력 스파르타 간의 관계와 유사하다.
  이에 착안, 미국의 저명한 안보·국방 분석가인 앨리슨은 그의 저서 『예정된 전쟁』(2017)에서 '투퀴디데스 함정(Thucydides's trap)'을 미중 패권경쟁을 이해하는 프레임으로 제시했다.[4]
  '투퀴디데스 함정'은 새롭게 부상한 신흥세력이 현 지배세력의 자리를 넘볼 때 발생하는 '불가피한 전쟁 위험'을 지칭하는 말이다. 이 말은 미중 패권경쟁이 시작된 2018년, 파이낸셜타임스 (FT)가 '올해의 단어'로 선정할 정도로 많이 사용되었다.

  미중 패권전쟁이 시작되기 1년 전 앨리슨이 2500년 전의 '투퀴디데스' 『역사』를 소환한 이유는 무엇일까? 역사가 현재와 미래를 비추는 거울이고, 더 먼 과거를 되돌아볼수록 더 먼 미래가 보이기 때문일 것이다.
  그동안 많은 역사가와 역사학자들은 나름대로 역사를 정의했다.

---

[3] 투퀴디데스 저·천명희 역, 『펠로폰네소스 전쟁사』, 도서출판 숲, 2011, p.7
[4] 그레이엄 앨리슨 지음·정혜윤 역, 『예정된 전쟁』, 세종서적, 2017.

대체로 과거와 현재, 미래로 이어지는 시간 속에서 그 의미를 부여했다. 그들이 고민한 역사의 의미와 역할은 대체로 3가지다. 역사는 탐구한 진실의 기억·기록이고, 현실적인 의미와 교훈을 주는 지식이며, 미래를 예측·활용할 수 있는 지혜의 보고라는 것이다.

가. 역사는 진실의 탐구·기록

서구에서 헤로도토스(B.C. 484~430) 이전의 고대 그리스인들은 역사를 '비극'과 혼동했다. 신화의 시대에 역사는 재밌는 옛이야기, 즉 전해지는 각종 신화와 전설, 영웅담을 담은 소설이나 서사시였다.[5] 거기에는 사실보다 사람들의 흥미 유발이나 극적 분위기 연출을 위한 사실 왜곡과 과장이 허다했다.

이런 실정에서 그리스의 3대 역사가인 헤로도토스와 투퀴디데스, 폴로비오스(B.C. 200~118)는 사실과 진실을 탐구·기록하는 것을 역사 서술의 제1 원칙으로 삼았다. 그들은 그 공로로 각각 역사의 아버지, 서양 역사학의 아버지, 응용사학의 선구자 칭호를 받았다.

헤로도토스는 신화가 지배하는 그리스 세계에서 '인간 역사의 시

---

[5] 대표적인 작품이 호메로스의 서사시인 일리야드(일리아스)와 오디세이(오디세이아)다.

대'를 연 최초의 역사가였다. 그는 『페르시아 전쟁사(역사)』를 통해 국가와 국가 간의 전쟁이 신의 섭리나 계획에 의한 것이라는 당대의 패러다임을 깼다. 실제로 일어난 사건인 전쟁의 현장을 누비며 탐사하고, 그 전후 과정과 결과를 기록했다. 그에게 역사는 '진실의 탐구와 탐사, 기록'을 의미한 것(historia)이었다.[6]

헤로도토스와 거의 동시대 역사가인 투퀴디데스는 『펠로폰네소스 전쟁사(역사)』를 통해 역사를 한 단계 더 발전시켰다. 아테네의 패전 장군 출신인 그는 그리스 패권을 둘러싼 아테네와 스파르타 간의 전쟁 원인과 상황을 기록했다. 그 과정에서 드러난 인간과 국가 권력, 국제정치의 행동 패턴도 생생하게 기록했다. 그가 서양에서 가장 철학적이고 깊이 있는 역사가라고 평가받는 이유는 오직 사실만을 말하고, 사실에 기초한 인간 역사를 썼기 때문이다.

기원전 2세기, 에게해를 중심으로 한 헬레니즘 시대의 역사가 폴리비오스 또한 진실을 추구한 역사가였다. 투퀴디데스의 후계자를 자처한 그는 기원전 220년에서 기원전 146년까지의 로마 성장기를 다룬 『역사(로마사)』를 썼다. 그는 이전과 다른 역사의 서술 방법을 동원했다. 현장에 대한 오감적 조사와 관찰, 면밀한 사료 수집과 인

---

[6] 손영호, 『역사의 이해』, 학지사, 1999, p.4

과적 설명을 중시하고, '관점의 균형'을 강조했다. 특히 진실한 역사만이 응용 가능한 의미 있는 교훈을 낳는다며 '진실'을 강조했다.[7]

그리스 시대의 역사 서술 방식은 플루타르코스(46년~119년)의 『영웅전』과 에드워드 기번(1737년~1794년)의 『로마제국 쇠망사』에서도 변함이 없었다. 19세기 근대 역사학의 아버지로 알려진 랑케(1795년~1886년)는 역사를 '과거에 있었던 사실의 객관적인 편찬'으로 정의했다. 20세기 중반까지 역사와 역사학이 '지내온 세월의 진실을 찾는 작업'이어야 한다는 강조점은 변함이 없었다.

지난 2000여 년 동안 역사학계가 '진실'을 강조한 이유는 역사가 그 중요성만큼이나 왜곡되고 조작됐기 때문이다. '역사가 정말 진실한가?'에 관한 의문은 인류의 역사만큼 오래되었다. 중국에는 자고무신사(自古無信史)란 말이 있다. 고대 그리스의 철학자 아리스토텔레스는 "시(詩)가 역사보다 진실하다."라고 말했다. 예술은 진리를 중요한 목표로 삼지만, 역사는 당대의 사건을 역사가의 관점에서 기술되기 때문이다.[8]

---

[7] 차영길, 「폴리비우스의 역사 해석 – 『역사』 6권의 '아나키클로시스'를 중심으로」, 경상대 한국서양고대역사문화학회 『서양 고대사 연구』, 2018, vol, no. 51, pp.99~110
[8] 로라 헤인, 마크 셀든 저·정용도 옮김, 『역사 검열과 역사 교육』, 동북아역사재단 번역총서 18, 2009, p.20

나. 역사는 과거·현재와의 대화

이렇듯 역사에서 가장 중요한 가치는 진실이었다. 17세기 이후 실증주의와 경험주의 역사가들은 사실을 빈틈없이 정확하게, 그리고 공정하게 수집·기록하는 것을 가장 중요한 임무로 생각했다. 거짓 역사는 아무런 가치·쓸모가 없었다.

문제는 19세기 이후 과학으로서의 역사학이 아무리 발전한다 해도 과연 객관적이고 공정한 역사 서술이 가능한가 하는 의문이었다. 주관에서 자유로울 수 없는 인간이 기록한 사실이 과연 사실인가? 또 사실을 그대로 기록한들 그 역사가 대체 무슨 의미가 있단 말인가? 이 의문에 대한 답은 20세기 현대의 역사학자 E. H. 카(1892년~1982년)가 내놓았다.

그의 역사관은 역사의 '사실들'은 현재의 역사가들이 '선택한' 것일 뿐 객관적인 진실은 존재하지 않는다는 전제에서 출발한다. 역사는 역사가가 확인된 사실을 모아 놓고 자기 마음에 드는 방법으로 요리한 것, 즉 '편집된 사실'이라는 것이다.[9] 이런 관점에서 그는 경험적 사실에 매몰된 보수주의 역사학을 비판했다. 역사학자는 필연적으로 시대와 사회의 일부라는 처지를 기꺼이 인정해야만 사실을 선택·해석하는 데서 객관성을 획득할 수 있다고 본 것이다.

---

9 '우리는 어떻게 팩트를 편집하고 소비하는가?'라는 질문에 대한 답을 쓴 책은 헥터 맥도날드 지음·이지연 옮김, 『만들어진 진실』, 흐름출판, 2019 참조.

그는 『역사란 무엇인가』(1961)라는 저서에서 "역사란 역사가와 사실 사이의 부단한 상호작용 과정, 즉 현재와 과거의 끊임없는 대화"라고 정의했다.[10]

"우리는 현재를 통해 과거를 조망하고, 과거를 이해할 수도 있다. 역사가는 자신의 해석에 맞추어 사실을 만들고, 또한 사실에 맞추어 해석하는 끊임없는 과정에 종사하고 있다."
"역사의 기능은 과거와 현재의 상호관계를 통해서 더욱 깊은 이해를 진전시키는 데 있다."[11]

카에게 '역사의 연구'는 사건 또는 사실의 원인을 밝히는 작업이었다. 그는 "사실은 스스로 말하는 게 아니다. 역사가가 말을 걸 때만 말한다"며 역사에서 '해석'의 중요성을 강조했다. 그에게 역사의 해석은 현재의 눈으로 과거를 보고, 그 의미나 가치를 부여하는 것이었다. 과거를 과거 그 자체로만 보지 않고, 그 역사적 의미를 캐내야 과거의 사실이 현재와의 관계에서 생명력을 가질 수 있다는 것이다.

카의 현재에 대한 문제의식과 역사관은 결국 미래에 대한 전망과도 연관된다. 그는 역사란 현재와 과거와의 끊임없는 대화이자, 사

---

10 E. H. 카 지음·지교철 옮김, 『역사란 무엇인가』, 아름다운날, 2010, p.52
11 E. H. 카 지음·지교철 옮김, 위의 책, pp.38~42

실·사건들과 서서히 등장하고 있는 미래의 목적들 사이의 대화라고도 말한다.

다. 역사의 중요 기능은 미래 예측·응용

역사가는 과거를 상기하고 미래를 상상한다. 역사를 알면 미래가 보이고, 비전을 공유할 수 있다.[12]

역사학계는 20세기 중반까지 역사의 무게 중심을 과거와 현재에 두었다. 이후 지구촌이 복잡해지고, 불확실과 불안정성이 증대되면서 역사학의 관심도 변화한다. 역사 해석에서 과거의 역사가 주는 현재적 의미를 중시하고, 이를 통해 미래를 예측하고 준비하는 데 역사를 어떻게 활용하고 응용할 수 있는가를 고민했다.

역사학은 1970년대 이후 사회과학과 인문과학 전반에 불어닥친 바람, 즉 '무엇을 위한 학문인가?'라는 질문에도 답해야 했다. 사회과학 분야의 행정학에 정책학이 더해진 것처럼 주류 역사학에도 '응용역사학'이 등장한 것이다.

응용역사학은 주류 역사학과 달리 "역사적 선례 및 유사 사례를 분석해 현재의 곤경을 설명하고, 적절한 선택에 도움을 주는 것을

---

12 김준혁, 「역사는 미래다」, 더봄, 2016.

목적으로 하는 새로운 학문이다."¹³ 역사학도 과거와 현재만이 아니라 미래를 예측하고, 처방을 통해 국가사회 발전에 기여하는 학문이어야 한다는 것이었다.

21세기 미중 패권전쟁의 와중에 응용역사학이 관심을 받는 이유는 미중 패권전쟁의 끝을 알 수 없기 때문이다. 미래를 알 수 있다면 잘 대비할 수 있다. 이는 개인 차원에서나 집단 혹은 국가 차원에서 매우 중요했다. 미래를 예측하지 못하면 지향할 목표를 설정할 수 없다. 목표 달성을 위한 활동에 착수할 수도, 그 결과도 고려할 수 없다.¹⁴

사실 '인간의 역사'가 시작된 2500여 년 전의 역사가들도 역사의 기능으로 역사의 교훈적 측면과 미래 예측 및 활용 가치를 간과하지 않았다. 헤로도토스와 투퀴디데스는 역사적 사실을 진실하게 기록해 후세들에게 도덕적 관점과 교훈적 가치를 전하고자 했다. 그들을 따라 배운 폴리비오스도 미래 세대를 위한 실용적인 역사관을 견지했다. 나아가 성찰적이고 비판적이며 교훈적인 역사 서술을 지향했다.

주목할 것은 현대의 영국과 미국의 세계 패권도 응용사학자들의 역사적 통찰과 지혜의 산물이라는 것이다. 오랫동안 대영제국의 패권을 운영한 영국의 윈스턴 처칠은 역사에 정통한 정치가였다. 그리

---

13 그레이엄 앨리슨 지음·정혜윤 옮김, 앞의 책, p.327
14 마틴 반 크레벨드 저·김하현 역, 『예측의 역사』, 현암사, 2021, pp.9~10

스·로마, 특히 로마제국을 밴치마킹해 국가를 수립한 미국은 저명한 지정학자들이 제기한 패권 이론과 주장들을 적극적으로 활용해 거대 패권국으로 성장했다.

20세기 전반기 두 차례의 세계대전과 냉전을 설계하며 '미 제국의 책사'로 활약한 조지 케넌은 외교관이자 정치가이고, 역사가였다. 1970년대부터 미국의 대외 전략에 가장 큰 영향을 미친 핸리 키신저는 역사학을 전공한 정치학자이자 정치가, 응용사학자였다.

현대의 저명한 국제정치학자인 폴 케네디, 미어샤이머, 앨리슨 교수 또한 미국 대외전략의 기초이론을 제공해 온 응용사학자들이다. 그들의 걸작들은 하나같이 과거를 통해 미래를 내다본 것이다. 역사를 통해 세계와 미국이 당면한 현재의 도전들을 인식하고 대응 전략을 제시했다.

우리는 반복되는 역사 속에서 역사의 패턴과 사이클을 발견하고, 미래를 예견할 수 있는 지혜를 얻을 수 있다.[15] 수천 년이 지난 지금도 인간과 권력 등으로 구성된 국제정치의 본질은 크게 변하지 않았다. 미래 세계를 알려면 고대 최고의 역사가와 철학자들이 문제를 이해하고 해법을 제시했던 때의 세계로 돌아가는 것이다.

---

15 레이 달리오 지음·송이루, 조용빈 옮김, 『변화하는 세계질서』, 한빛비즈, 2022, p.243

아래 〈표-1〉에서 보듯 근래 미국에서 발간된 세계 패권 관련 저서의 대부분은 고대 그리스나 17세기 이후 서구 패권 제국주의 시대의 역사를 분석한 것이다. 놀랍게도 이들은 모두 응용역사학적 접근을 통해 현 상황을 설명하고, 미래를 예측해 전략적인 대안들을 제시하고 있다.

〈표-1〉 과거를 미래 예측에 응용한 명저들

저 자	책자 명	핵심 요지
폴 케네디 (역사학 교수)	『강대국의 흥망』	지난 500년의 세계 정치 행태를 분석, 경제력·군사력 간 상관관계를 규명해 강대국이 오만·실수를 경계할 것을 주문
조지 모델스키, 윌리엄 톰슨 (국제정치학 교수)	『세계 리더십 모델』 ('장주기론')	각 패권 리더십의 순환은 100년가량 지속, 25년으로 나눠지는 4개 국면으로 진행함을 입증하며, 미국의 몰락을 예측
그레이엄 앨리슨 (안보정책분석가)	『예정된 전쟁』	2500년 전 투퀴디데스 저서와 16차례의 패권경쟁을 분석해 불가피한 미중 패권전쟁의 현재와 미래를 설명·예측
헨리 키신저 (정치학자, 전략가)	『세계질서』	수 세기 전부터의 역사적 사건과 강대국들의 행위 동기를 분석, 현시대 지속 가능한 세계질서의 필요 요건을 제시

존 미어 샤이머 (국제정치학 교수)	『강대국 정치의 비극』	19~20세기 주요 강대국의 외교정책을 분석, 권력욕과 패권경쟁이 본질인 현실 국제정치가 왜 비극적인 것인가를 주장
레이 달리오 (헤지펀드 대부)	『변화하는 세계질서』	지난 500년 동안의 주요 국가의 경제·정치·역사의 패턴과 사이클을 파악, 향후 세계 정세의 변화와 대응 전략을 제시
에이미 추아 (로스쿨 교수)	『제국의 미래』	페르시아와 로마, 현대의 영국·미국에 이르기까지 2500년 동서양 제국의 흥망사를 통해 미국의 패권 몰락을 단언

* 출처: 모두 미국의 저명한 인사들의 저서임, 필자가 관련 책의 요지를 정리함.

    역사의 활용, 즉 응용역사학의 과제는 역사를 과거로부터 해방시키는 일이다. 이스라엘의 전쟁사 분야 석학인 크레펠트 교수는 그의 저서 『예측의 역사』에서 "역사는 과거가 아니라 미래 예측을 위한 학문"이라며 새로운 역사의 개념을 선언했다. 역사의 실용성을 강조한 책들도 다수 발간되고 있다.[16] 역사를 읽어 현실 문제를 분석하고, 미래를 예측하는 방법론인 응용역사학의 가치는 더 커지고 있다.

---

16 마틴 반 크레벨드·김하현 역, 앞의 책. 유사한 저술로는 리처드 노이스타트, 어니스티 메이 저·이호령 외 2인 옮김, 『역사 활용의 기술』, 리북, 2006; 렁청진 지음·이해원 옮김, 『역사를 읽으니 시대의 길이 보이네』, 한길사, 2006; 그레이엄 앨리슨·정혜윤 역, 앞의 책 등 참조

02

멀리 되돌아볼수록 더 먼 미래가 보인다

과거의 사건들은 현세에 영향을 미치며 현실 속에 있다. 과거는 현재를 빌려야만 잘 이해할 수 있다. 마찬가지로 현재는 과거를 빌려야 잘 이해할 수 있다.

『로마제국 쇠망사』(1776~1789)를 쓴 영국의 역사가 기번은 책 서두에 "역사를 아는 자는 인생을 두 배로 사는 것"이라고 썼다.[17] 역사를 알면 지식도 두 배가 된다. 그런데 모든 역사를 다 섭렵할 수는 없다. 어느 시대의, 어떤 역사가 가장 적실한 것일까?

2500년 전의 투퀴디데스는 자신의 『역사』 책이 미래에 도움이 될 것이라고 자신했다. 이후 역사학을 공부한 저명한 사람들은 되도록 먼 과거의 역사에서 문제의 답을 찾고자 했다. 르네상스 시기 역사학자인 마키아벨리(1469년~1527년)는 "무슨 일이 벌어질지 알고자 하

---

17 에드워드 기번 저·송은주, 윤수인 등 6인 번역, 『로마제국 쇠망사』, 민음사, 2010, 제1권 서문 참조.

는 사람은 과거에 무슨 일이 있었는지 살펴보라"고 했다.

영국의 윈스턴 처칠(1874년~1965년)은 1, 2차 세계대전 등 역사의 거대한 물줄기를 헤치며 많은 일을 성공적으로 해낸 '20세기 가장 위대한 정치가'였다. 그는 늘 "국제정치의 미래를 알고자 한다면 고대로 돌아가라"고 강조했다. 그는 청년 시절에 친구에게 보낸 편지에서 이렇게 말했다.

"통찰력을 키우기 위해서는 지난 역사의 교훈을 바탕으로 한 상상력이 필요하다. 네가 더 먼 과거를 들여다볼수록 더 먼 미래를 볼 수 있을 것이다."

서구뿐만 아니라 중국의 역사에서도 유사한 사례가 있다. 7세기, 당나라 태종 이세민은 "동(銅)으로 된 거울로 의관을 단정히 할 수 있다. 역사를 거울삼아 천하의 흥망과 왕조의 몰락 원인을 알 수 있다"고 했다.[18] 당나라의 왕지환은 그의 시 「등관작루(登鸛雀樓)」에 "천리 밖을 내다보려면 누대의 한 계단을 더 올라가야 한다(欲窮千里目 要上一層樓)"고 섰다.

어쩌면 가장 가까운 시기의 경험적 사례가 가장 생생하고 적실성

18　오긍 지음·김원중 옮김, 『정관정요』, 글항아리, 2010, p.24

이 있을 것 같은데 선각자들은 모두 되도록 아주 멀리 되돌아보란다. 고대에 모든 것이 있고, 역사는 반복된다는 말은 이해할 수 있다. 하지만 그들은 아주 먼 과거를 되돌아보면 왜 좋은지 설명하지 않는다. 필자는 아래와 같이 그 이유들을 추론해 보았다.

역사는 반복되며, 교훈을 준다

타고난 본성(性情)이 같은 인간이 쓰는 역사는 같은 상황과 구조 속에서 유사한 패턴의 사건을 되풀이한다. 인간의 힘과 권력을 기반으로 운영하는 국가나 국제관계의 속성은 수천 년 전이나 지금이나 다름이 없다. 현세는 고대 세계의 연속이고, 세상사에 대한 통찰은 오래된 경험으로부터 나온다.

고대에 더 무궁무진한 이야기가 있다

세상의 모든 것들은 고대에서도 그와 유사한 사례를 발견할 수 있다. 중국뿐만 아니라 서구의 경우 그리스·로마의 흥망성쇠에는 무궁무진한 이야기가 있다. 15세기 말부터 현재까지 500여 년의 역사보다 15세기 이전 근 2000여 년의 역사 속에 더 유사하고 적실성 있는 많은 사건이 존재한다. 그리스의 헤로도토스와 투퀴디데스의 『역사』 책에는 인간과 국가, 국제정치가 살아 숨 쉰다. 『역사』들은 당시 최고의 지성들이 쓴 방대한 분량의 세계사였다. 국가대사였고 인간사였다. 비슷한 시대 중국의 『손자병법』과 『사기』 또한 이와 다를 바 없다.

특히, 그때는 진실의 정의가 살아있었다

더 중요한 것은 어설프고 불완전하나마 고대의 역사 서술에는 강자의 정의보다는 진실의 정의가 살아있다. 도시국가(Police)나 성읍국가(方國) 시대에는 순수함이 있었다. 그러나 기원전 이후, 강력한 권력이 국가다운 국가를 수립해 제대로 운영하자 역사가들은 진실과 정의를 추구할 수 없었다. 국가와 법·제도가 정립돼 왕이나 황제, 교회의 권력이 곧 진리이고 정의가 되었다. 강자는 언제나 자신의 이익에 부합되게 사실(史實)을 편집해 진실을 왜곡했다.

고대 그리스에서 헤로도토스와 투퀴디데스가 『역사』를 쓸 수 있었던 것은 신분이 자유로운 '작가'였기 때문이다. 전쟁 중인 페르시아와 그리스, 아테네와 스파르타 간에는 반듯한 국경선이 존재하지 않았다. 이런 조건·환경과 함께 전쟁 과정에서 추방당한 그들의 탁월한 능력과 소명의식은 진실이 담긴 불후의 고전을 남겼다.

고대 중국의 손무도 방랑하는 군사(軍師)이자 전략사상가였다. 그는 관직과 포상을 거절하고 산속에 은거하며 『손자병법』을 썼다. 사마천도 궁형(거세)을 받는 등 삶과 죽음의 경계에서 『사기』를 저술했다. 그는 '왜 세상에 진실과 정의가 이리도 없는가?' 절치부심하며 자신의 붓이 휘지 않게 했다. 진실과 정의를 추구한 이들 4인은 지금까지 동서양을 대표하고 있는 역사가다.

아래 〈표-2〉에서 보듯, 고대 그리스와 중국의 역사가들은 모두 전쟁이 일상인 혼란의 시대에 험하고 힘든 길을 걸었다. 역사에 길이 남은 긴 발자취를 만들었다.[19] 역경 속 고통받는 자유인으로서 도덕적 의무감을 갖고, 역사에 길이 남는 작품을 완성해 대가를 이룬 것이다.

〈표-2〉 기원전 시대의 그리스·중국 역사가(시대순)

이름(시기)	인생 역정	저술
공자 (B.C. 551~479)	서로 능멸하고 해치는 노나라 정치의 전통을 넘어서지 못하고, 노나라 귀족들에 의해 추방돼 각국을 다니며 유세하는 신세였다.	『춘추』 (春秋)
손무 (B.C. 544~496)	춘추시대의 장수로 이곳저곳을 떠도는 군사(軍師), 가장 탁월한 전략사상가인데도 험난한 세상에서 공적 포상을 사양하고 굳이 산속에 은둔해 살았다.	『손자병법』 (孫子兵法)
헤로도토스 (B.C. 484~430)	페르시아 전쟁의 소용돌이 속에서 모함을 받아 반평생 타국을 떠도는 삶을 살며 역사를 저술했다.	『페르시아 전쟁사』

---

19 위치우이 지음·심규호, 유소영 옮김, 『중화를 찾아서』, 미래인, 2010, p.94

투퀴디데스 (B.C. 460?~400?)	아테네의 장군. 패전의 책임으로 20년 동안 추방당해 주로 적지인 스파르타에서 역사 저술 작업을 했다.	『펠로폰네소스 전쟁사』
폴리비오스 (B.C. 200~118)	로마의 마케도니아 정복 시 인질로 잡혀 로마 최고지도자인 집정관 아들의 가정교사로 활동하며 현장의 로마 역사를 자유롭게 저술할 수 있었다.	『로마사』
사마천 (B.C. 145~86)	전쟁 관련 설화로 한나라 황제인 무제의 노여움을 사 궁형이라는 치욕을 『사기』 저술의 역사적·시대적 동기로 승화시켰다.	『사기』 (史記)

※ 출처: 필자가 관련 자료들을 종합해 정리함.

이 역사가들은 약속이라도 한 듯 비슷한 시기에 등장해 비슷한 생각을 갖고 국가대사인 전쟁 관련 역사책을 썼다. 고대 그리스와 중국에서 신화와 전설의 시대를 마감하고 인간이 중심인 새 세상을 열었다. 양 지역 역사뿐만 아니라 정치와 문화, 문명의 발전에 큰 영향을 미쳤다.

그때 정신적 거장들이 동서 문명의 첨탑을 쌓았다

동서양에서는 무엇보다 태초(0년)보다 700년~1백 년 전에 처음과 시작이 있었다. 사람들은 그때부터 신화와 전설의 세계에서 나아가 인간다운 인간의 세계를 향해 나갔다. 서양에서는 많은 분야의 아버지(시조)가 고대 그리스에 있다. 중국의 춘추전국시대(B.C. 771~221)에서도 지적 문명이 열리면서 공자, 맹자, 묵자 등 수많은 사상가들이 등장했다. 이들 정신적 거장들은 각기 동서양의 문명에 거대한 첨탑을 쌓았다.

고대문명은 현 동서양의 뿌리이자 본향이다. 그리스·로마제국의 역사는 모든 분야에서 사상적 영감을 제공하는 원천이 되었다. 오늘날의 미중 패권전쟁은 과거 자신들의 위대한 역사를 재현하려는 꿈의 대결이다. 미국의 꿈은 4번째인 현재의 위기를 잘 극복하고 천 년 왕국을 건설한 로마제국을 재현하는 것이다. 중국의 꿈은 자국의 역사에서 가장 강력했던 한나라(B.C. 206~A.D. 9)와 1400여 년 전에 가장 융성했던 당나라(A.D. 618~907), 즉 강한·성당(強漢·盛唐) 시대의 중화제국을 재현하는 것이다.

제2부

동·서양문명의 원천

제1부는 우리가 미중 패권전쟁을 왜 역사로 읽어야 하는지 그 이유를 중심으로 살펴보았다. 제2부에서는 미국과 중국의 정체성의 태반(胎盤)인 서구의 그리스·로마 시대와 중국의 춘추전국 및 진·한 시대의 역사·문화를 살펴본다. 문명충돌 양상인 미중 패권전쟁은 역사상 처음으로 동·서양 최강대국 간의 대전이다. 멀리 되돌아서서 역사의 거울에 비친 미국과 중국을 살펴볼 필요가 있다.

01

서양문명의 원형

가. 서양문명의 뿌리 그리스 아테네

고대 유럽은 그리스와 로마 지역을 제외하면 야만의 대륙에 가까웠다. 그리스에 도시국가 공동체(Police)가 등장한 기원전 800년경까지 그리스는 혼동과 무질서로 기록이 없다. 기원전 6세기 무렵만 해도 서구와 중국의 대지에는 신화와 전설이 지배했다.

반야만적인 사회에서 국가가 성숙하지 못했다. 사람들은 신들이 만물을 창조하고 세계를 이끌어 간다고 믿었다. 척박한 땅에서 생존을 위한 전쟁이 끊이지 않았다. 끝없는 전쟁 중에 깨어 있는 사람들은 인간 세상이란 무엇인가? 의심을 품고 고민했다.

문명의 새벽을 연 자연철학

이즈음, 오리엔트와 가까운 에게해 동변 이오니아의 영리한 지식인들은 신들이 우주 만물을 창조했다는 생각에서 벗어나기 시작했다. 만물의 근원과 본질을 자연 속에서 탐구해 나갔다. 세상이 무엇으로 이루어져 있고, 우주를 구성하는 기본(arke)이 무엇인지 묻기 시작했다. 아르케란 모든 것의 시작이자 그로부터 생겨나는 최초의 것, 세계를 구성하는 물질의 심층적 원리를 의미했다.[20]

처음으로 아르케를 탐구한 탈레스(B.C. 624?~545)는 '물이 곧 아르케'라고 주장했다. 당시의 세계에서 탈레스의 지(知)에 대한 사랑과 이성적 행위는 '철학함'이었고, 이성 혁명이었다. 그리스는 철학의 아버지로 불린 탈레스가 아르케를 묻고 찾기 시작하면서 종교와 신화에서 벗어날 수 있었다. 인간에 대한 과학적이고 철학적인 사유를 개척한 것이다.

탈레스 이후 많은 철학자들은 만물의 근원을 공기·수(數)·불·원자 등으로 규정했다. 아르케 찾기와 이를 중심으로 우주와 세계를 설명하는 철학자들의 사유는 점차 그 원리와 원인을 찾아 나섰다. 진리를 찾기 위해 만물을 관찰·분석을 통해 이해하고, 합리적으로 설명하기 시작했다.[21] 기원전 5세기경부터 그리스 지적 문명을 꽃피

---

20 아르케는 처음, 시초, 태초, 원초, 원리, 본원, 시원, 근원, 유래 등을 의미한다. 성서의 첫 구절 "아르케, 태초에 말씀이 계시니라."에서의 태초는 그리스 말로 arche이다.
21 https://blog.naver.com/psalms145/222670543464 [인문학 & 신학 연구소 에라스무스] 〈서양 철학사의 파노라마: 아테네학당 편〉 - 1강: 신화와 철학의 경계에서 – 소크라테스 이전의

운 역사학과 철학의 태동은 자연철학에서 비롯되었다.

'인간의 시대'를 연 선각자들

아테네의 민주정치가 전성기를 이루게 되자 사람들의 사고의 중점은 자연에서 인간 문제로 옮겨갔다. 소크라테스는 만물의 본질을 '자연'에 두지 않고 '자기 자신', 즉 인간에 초점을 맞추었다. 그는 진리의 주관성을 강조한 소피스트들과 달리 보편적 진리가 존재한다고 믿었다. 나아가 "너 자신을 알고, 진리를 발견하라"며 자신의 무지를 아는 것이 진리를 깨닫는 출발점이라고 강조했다.

소크라테스의 제자였던 플라톤은 초월적인 이데아를 근본에 두고 이상국가를 구상했다. 아리스토텔레스는 여러 방면의 학문체계를 정리했다. 이 철학자들과 함께 헤로도토스와 투퀴디데스와 같은 역사가들은 서구 최초의 지적 문명을 창출했다.

그리스 문화의 가장 큰 특징은 '인간 중심적'이었다는 것이다. 개인의 감성과 이성을 중요시한 합리적인 문화였다. 철학자들은 인간이 주인인 역사와 인간을 대상으로 하는 철학을 통해 인간의 자유와 존엄을 추구했다. 인류사에서 최초로 자유와 민주, 진실과 정의를 추구해 나갔다. 역사적인 대전환이었다.

철학자들, 2021. 01. 17.

아테네는 자유 민주주의의 원조

소크라테스가 살았던 고대 그리스 아테네는 적어도 표현의 자유가 보장된 자유롭고 민주적인 사회였다. 국가가 지식인들의 삶을 통제하고 관리할 수 있을 정도로 시스템을 갖추지 못한 도시국가 시대였다. 그 상황에서 솔론의 뒤를 이은 뛰어난 정치지도자들은 아테네를 그리스의 모범으로 이끌었다.

클레이스테네스(B.C. 570?~508?)는 아테네 시민 모두에게 참정권을 부여했다. 위험한 정치인들을 전 시민의 비밀투표로 국외로 추방하는 '도편추방제'를 도입하는 등 민주정치의 기초를 닦았다. 페리클레스(B.C. 495~429)는 아테네 민주정치의 전성기를 이끈 위대한 정치지도자(제1시민)였다.

당시 정치지도자들의 연설은 그리스 아테네의 민주정치 수준을 말해주고 있다.

"우리의 정체가 민주정인 까닭은 권력이 민중 모두에게 있기 때문이다. 개인적 문제를 해결할 때도 모든 사람은 법 앞에 평등하다. 우리는 누군가를 공직자로 뽑을 때도 특정 계층보다는 실제적 능력을 중시한다."
― 페리클레스의 전몰자 추도 연설[22] 중

---

22 연설 전문은 투퀴디데스 저·천명희 역, 앞의 책, pp.166~176 참조

"감히 말하건대, 가난한 자와 일반 평민이 귀족에 대항해 이기는 것은 당연한 일이다. 함선들의 노를 잡아 추진시키고, 도시를 건설하는 사람들은 결국 평민이 아니던가?"
- 웅변가 크세노폰 연설 중

그리스인들은 '자유'를 가장 중요한 가치로 내세우고, 그 수호자로서 자신들의 세계를 그렸다. 그들에게 페르시아 전쟁은 자유를 지켜낸 의로운 투쟁이었다. 페르시아 전쟁 승리 후에는 승리에 기여했던 군함 노잡이 등 하층민의 발언권이 커지면서 민주정치가 꽃을 피웠다.

고대 그리스 시대에 종군과 시민권은 동의어였다. 참전 군인을 중요한 국가의 동량으로 여겼다. 소크라테스도 3회나 참전한 군인이었다.[23] 노예제 군국주의 국가였던 그리스에서 전쟁에서 패배하면 자유를 상실한 노예가 되었다.

자유는 바로 전쟁의 승리에서 비롯되었다. 노예가 자유시민이 되려면 전쟁의 승리에 기여해야 했다. 페르시아 전쟁의 승리를 견인한 마라톤 전투에서 보여준 아테네 군인들의 투혼은 자랑스러운 아테네에 대한 애국심과 자신의 자유와 존엄을 지키려는 것이었다.

민주주의 발상지인 고대 아테네의 민주정은 현대 민주주의의 '시작

---

23 철학자 소크라테스는 아테네와 스파르타가 대결한 펠로폰네소스 전쟁에서 30대 후반에서 40대의 나이에 중보병으로 종군하기도 했다. 당시 아테네의 시민은 신체·정신에 장애가 없고, 만 50세를 넘지 않으면 군 복무 의무가 있었다.

점' 혹은 '프로토타입(원초적 형태)'이라 할 수 있다. 모든 성인 남성 자유민에게 투표권과 피선거권을 준 것만으로도 아테네의 민주주의는 19세기 후반의 미국이나 유럽의 민주주의에 큰 영향을 주었다.

전성기 아테네의 민주정은 그리스를 대표하는 걸출한 철학자와 역사가, 정치인들을 배출해 부강한 나라와 문명을 창출한 최선의 정치체제였다. 그러나 펠로폰네소스 전쟁 말기 분열되고 부패한 민주주의는 나라를 망치는 최악의 정치체제였다.

전쟁 후 군국주의 병영국가인 스파르타에 패배한 아테네의 민주정에 대해 투퀴디데스와 플라톤, 폴로비오스 등 역사가들의 평가는 냉정했다. 만약 이들이 살아있다면, 현재의 미국식 민주주의 정치를 어떻게 평가할까? 역사는 반복된다.

진실·정의를 추구한 파레시아 운동

그리스·로마문명과 함께 지난 500여 년 동안 세계를 지배한 서구문명의 선구자들은 사실에 기초해 진실만을 말한 그리스 역사가들이었다. 목숨을 걸고 용기를 내 진리를 추구한 철학자 집단의 '파레시아(Parrhesia)' 운동이 그 태반이었다. 그들에게 진실은 곧 사실이고, 정의였다.

그리스 철학자들의 삶의 원칙은 파레시아, 즉 솔직하게 '모든 것을 말하는 것'이었다. 진실을 더하거나 빼지 않고 그대로 말하고 행동하는 '담대함'이 그들의 정치적이고 도덕적인 의무였다. 파레시아는 '진실을 향한 용기'이기도 했다.

소크라테스는 "훌륭하게 사는 것과 아름답게 사는 것, 또 정의롭게 사는 것은 같다. 결코 정의롭지 못한 짓을 해서는 안 된다"고 말했다. 그는 자신의 삶의 이유가 정의라고 생각했다. 정의가 무엇인지 알고 실천하기 위해 철학이 필요하다고 믿었다.[24]

그리스 시대의 현인으로 불리는 솔론과 플라톤이 가장 행복한 사람으로 지목한 이들은 자신의 신념과 가치를 충실히 따르는 삶을 살다가 영예롭게 죽음을 맞이한 사람들이었다. 그들은 찬란한 그리스 문명을 창출한 주역이었다.

철학과 과학, 자유와 민주주의, 진실과 정의를 추구한 서구에서도 전쟁이 끊이질 않았다. 전통시대, 전쟁에서 승리하면 땅과 사람, 부존 자원 등 모든 것을 가질 수 있었다. 치른 희생(비용)에 비해 얻는 이익이 매우 컸다. 이 때문에 서구에서는 "국가의 융성이 침략과 전쟁을 부른다"는 말이 일반화되었다. 아테네 제국과 로마제국에서도 그랬다.

이후 서구의 모든 패권 제국은 침략적이고 제국주의적인 폭력을 행사한다. 속주나 식민지 확보를 위한 영토 확장에 골몰했다. 서구

---

[24] 플라톤 저·이기백 역, 『플라톤』, 이제야북스, 2014. "소크라테스와 정의론에 관한 통찰(크리톤/플라톤)" https://m.blog.naver.com/seabom2020/222851899454 (검색일 2023. 5. 3.)

제국과 제국주의는 그 본성이 침략적이고 약탈적인 것이었다. 당초 그리스 아테네인들이 추구한 순수한 의미의 자유와 진실과 정의는 힘이 커지자 강자의 논리로 변해 예외주의적인 것이 되었다.

고대의 아테네식 자유와 정의는 곧 미국과 같은 무소불위의 초강대국의 일방주의와 예외주의로 변형되었다. 오랫동안 현대 미국의 패권을 기획·운영하는 데 관여해 온 헨리 키신저는 "서구 제국의 정치 시스템은 선천적으로 도덕성이 결여돼 있다"고 말했다.[25] 예부터 인간 세상에서는 자유와 진실, 정의보다 부와 권력이 우선이었다.

서양문명의 요람 아테네

페르시아 전쟁에서 기적 같은 승리를 견인한 아테네는 이후 급부상해 그리스 문명을 꽃피워 나간다. 해상 무역을 주도하며 벌어들인 막대한 부는 그리스 전역에서 재능 넘치는 예술가와 학자들을 끌어들였다. 일부 종교적 터부만 건드리지 않으면 누구나 자유롭게 말하고, 쓰거나, 좋아하는 것을 만들어 낼 수 있었다. 아테네 사회의 합리적인 토론 분위기는 학문과 예술 발전의 원동력이었다.

아테네의 부와 영광은 명장 페리클레스 시대(B.C. 454~429)에 전성기를 맞는다. 아테네는 가난한 시민도 민회에 참여한 인류 최초의

---

25 박성우, "플라톤의 『국가』에 나타난 국제정치사상: 정의(正義)의 국제정치적 확장 가능성", 『21세기 정치학회보』, 2016. 3., vol. 26, no. 1, pp.91~116; 박성우, "플라톤 정치 철학과 아테네 제국", 『21세기 정치학회보』, 2018, vol. 28, no. 1, pp.67~90; 강상진, "플라톤과 전쟁 – 전쟁에 대한 형이상학적 논의", 『서양고전학연구』, 2020, vol. 59, no. 2, pp.25~51

민주주의 국가였다. 직접 민주주의를 실험하고 철학과 연극, 건축·역사학·해군력까지 모든 분야에서 전례 없던 성취들이 꽃을 피웠다.[26] 아테네는 도시 전체가 신전과 조각상, 주랑(柱廊) 등으로 꾸며졌다.

지식의 찬란한 첫새벽을 연 철학·역사의 도시 아테네는 그리스 문명의 첨탑이자 유럽 문명의 요람이었다. 아크로폴리스와 아고라 광장, 파르테논신전 등은 아테네의 위상을 상징하는 건축물들이었다. 30여 년 동안 영광의 시대를 이끈 대정치가 페리클레스가 자신 있게 말했듯 '아테네는 그리스 전체의 모범'이었다.[27]

황금기의 아테네는 정치·문화·예술 분야에서 역사에 길이 남을 위대한 유산을 쏟아내고 있었다. 그리스 문명은 오랜 암흑 속에서 얽히고설킨 다툼과 경쟁, 피비린내 나는 전쟁을 거쳐 암흑의 종점으로 통하는 길에 나타난 별빛이었다.

인간적인 문명이 출현함으로써 모든 것이 달라졌다. 이후 인류는 어두움과 어리석음에서 벗어나 인문(人文)을 향하기 시작했다. 이성을 찾아 고귀한 곳으로 나아갔다. 정신적 광원, 즉 빛의 근원은 교학과 전파라는 메커니즘을 통해 민중을 깨우치고 인도해 나갔다.

플라톤의 아테네학당(아카데미아)은 그리스 문명을 기점으로 하는 서

---

26 그레이엄 앨리슨 지음·정혜윤 역, 앞의 책, p.61
27 투퀴디데스 저·천명희 역, 앞의 책, p.172

구 유럽 문명의 본향이었다. 그리스 문화는 마케도니아 중심의 헬레니즘을 거쳐 로마의 문화로 이어지면서 서양문명의 '뿌리'가 되었다.

나. 로마는 서양사의 출발점·중심

기원전 753년 로물루스에 의해 건국되고 아우구스투스에 의해 중건돼 1200년 이상 이어오던 로마는 서기 476년 멸망한다. 역사 속에서 수많은 나라들이 흥하고 망했지만, 로마와 같이 오랫동안 존속하면서 그토록 광대한 영토를 가지고 주변국들에게 영향을 끼친 제국은 없었다.

우리는 지금도 2000년 전 로마제국이 창조한 세상에 살고 있다. 우리의 의식주 생활에서 기술과 정치체제까지, 일상을 둘러싼 대부분은 서양의 그것에서 비롯되었다. 로마제국은 유럽 문화의 전신이자 중심, 출발점 그것이었다.

로마 이전과 이후의 모든 역사는 로마로 흘러들어가 로마로부터 흘러나왔다. 로마문명은 후대에 지대한 영향을 미쳤다. 로마의 건축과 조각, 법·정치 체계는 오늘날 유럽 대부분의 나라에서 찾아볼 수 있다.

로마가 후세에 미친 가장 큰 공헌은 인간 중심적이고 합리적인 그리스 문명을 서유럽에 전했다는 것이다. 로마가 진출하기 전 미개한 부족 사회였던 현 프랑스와 독일, 영국 등 유럽 서북부 지역은 로마가 지배하면서 분화된 도시가 발달했다. 인간의 자유와 존엄을 추구하는 국가들로 거듭났다.

그리스 문명과 이를 계승한 로마문명의 정신은 근본적으로 진리를 추구하는 것이었다. 이들의 정신은 중세기 이후 르네상스(14~16세기 문예 부흥)를 거치면서 서구의 과학과 철학으로 발전했다.

르네상스의 결과는 놀라운 것이었다. 인류 초기의 정신적 광원의 도움을 받아 중세기 암흑세계의 속박에서 벗어날 수 있었다. 미래를 향한 발걸음이 경전과 본질, 그리고 인성에 가깝게 바뀔 수 있었다.[28] 르네상스로 거듭난 유럽은 17세기부터 세계를 향하기 시작했다.

한편, 천 년 로마의 문명은 상상력의 보고였다. 근대 정치학의 아버지인 마키아벨리는 『군주론』(1532)에서 로마의 역사를 읽고 권력의 냉혹한 속성을 주장했다. 몽테스키외는 로마법에서 『법의 정신』(1748)의 기초를 닦았다. 프랑스 볼테르는 독재와 정치적 자유와의 관계를 살폈다.

특히 18세기 이후 미국의 건설자들은 로마의 공화정에서 자국의 모델을 찾았다. 그리스·로마제국의 역사에서 배운 지혜는 미국의

---

28 위치우이 지음·심규호, 유소영 옮김, 앞의 책, p.151

건국 원칙과 법 제도의 초석이 되었다. 미국의 꿈은 로마가 누렸던 천년왕국이다.

02

중화문명의 원류

가. 중국에서 역사의 의미

중국은 독특한 나라이다. 중국만큼 오래 지속돼 온 역사와 문명을 내세울 수 있는 나라는 없다. 중국만큼 고대의 역사라든가 전략·정치를 자랑할 수 있는 나라도 찾기 힘들다.[29]

중국인들은 5천 년 자국의 역사를 자랑스럽게 생각한다. 그 속에서 지혜를 얻어 길을 찾는다. 중국인들에게 역사는 미국 기독교인들의 '성경'과도 같은 것 아닌가? 그래서 필자는 만약 중국에 국교가 있다면 그것은 역사라고 말해왔다. 중국인들의 일상적인 문화와 국민성, 특히 중화민족의 부흥이 꿈인 중국을 이해하려면 그들의 역사 이해부터 시작해야 한다.

---

29 헨리 키신저 지음·권기대 옮김, 「중국 이야기」, 민음사, 2012, p.20

중국에서 역사란?

사마천(司馬遷: B.C. 145?~87?) 이전의 고대 중국에서 역사에 대한 생각은 '과거의 일에 대한 기록'에 불과했다. 사관이 조정에서 일어난 사건과 왕의 통치를 공정하게 기록하고, 과거의 업적과 문서를 보존하는 일은 매우 중요했다. 이 업무를 담당하는 관리는 '사(史)'라고 썼다. 공자도 과거의 사건을 서술한 『춘추』를 저술했다. 사서인 『춘추』는 유학의 중요 경전인 5경(五經)의 하나다.

중국에서 역사와 역사학의 발전은 기원전 1세기경 사마천의 『사기』에서 시작되었다. 사마천이 처음 사용한 역사(歷史)라는 말은 인간의 '지내온 세월에 대한 기록'을 의미했다. 고대 그리스 역사가들의 역사관과 대동소이하다.

다만, 사마천이 『사기』를 저술한 목적은 하늘과 인간과의 관계를 탐구하고, 고금(古今)의 변화에 통달해 일가지언(一家之言)을[30] 이루는 것이었다. 서양 역사의 아버지 헤로도토스가 사실을 탐구해 후세에 교훈을 전하기 위한 것과는 달랐다.

고대 중국에서도 사실에 입각한 진실이 강조되었다. 공자(B.C. 551~479)의 『춘추』는 사람이 마땅히 지켜야 할 도리와 명분(大義名分)을 밝혀 세우기 위해 엄정하고 비판적인 역사 서술을 강조한다. 사

---

30 一家之言은 어느 한 부분의 권위자로 일정한 체계를 갖춘 학설이나 저술의 주인을 말한다.

마천의 『사기』 또한 다양한 조사와 연구, 그리고 검증을 통해 공정함을 유지하려고 했다.

사마천은 역사적 사실을 순서대로 기록한 연대기적인 『춘추』와 달리 사건보다 인물 위주로 역사를 서술했다. 단편적인 사건에 대한 기록에 그치지 않고 정치·경제·사회·문화 등 중국 역사 전반을 통찰했다.

'중국에서 역사란 무엇이어야 하는가?'에 관한 답은 그리스에 비해 더 분명했다. 중국에서는 제도화되었다. 사초(史草: 실록의 원고)는 사관 이외에 황제나 왕조차 마음대로 볼 수 없게 했다. 역사 자료의 공정성과 객관성을 확보하기 위해 만전을 기했다. 중국을 따라 배우기한 조선은 태조에서 철종까지 472년간의 역사인 『조선왕조실록』을 편년체로 기록했다.

역사 서술의 대원칙인 '춘추필법'은 역사적 사실을 그대로, 정확하게 직서하고, 시비선악을 판단해 결정하는 것이었다. 7세기에 당 태종의 리더십을 기록해 역대 군주들의 필독서이자 제왕학의 기본서가 된 『정관정요(貞觀政要)』는 태종의 장단점을 함께 기록했다.[31] 역사의 심판정에는 예외가 없었다. 역사가들은 나라를 어지럽힌 불충한 무리들(난신적자: 亂臣賊子)을 역사의 법정에 세워 심판했다.

---

31 오긍 지음·김원중 옮김, 앞의 책, pp.24~25

역사 서술의 방법에도 법도가 있었다. 인물 중심과 사건 중심의 역사 서술 방식인 기전체(紀傳體)와 편년체(編年體), 이 두 방법이 갖는 미비점을 보완하기 위한 기사본말체(紀事本末體)와 강목체(綱目體)가 그것이다.[32]

역사의 예측·활용 기능도 중시

고대 그리스와 마찬가지로 중국에서도 미래의 예측·활용이라는 역사의 기능을 중시했다. 관련 사자성어들은 중국인들의 실용적인 역사관을 말해주고 있다. 온고지신(溫故知新)을 비롯해 관왕지래(觀往知來), 법고창신(法故創新)이란 말이 그것이다.

공자의 『논어(論語)』 「위정(爲政)」 편에 나온 온고지신(溫故而知新, 可以爲師矣)은 "옛것을 익혀 새것을 알면 스승이 될 수 있다"는 것이다. 법고창신은 옛 법을 바탕으로 새로운 것을 창안한다는 것, 관왕지래는 과거를 되돌아보면 미래를 알 수 있다는 말이다. 중국의 지도자들은 늘 역사를 거론하며 현재를 설명하고 미래를 말한다.

---

32 기전체는 주인공을 적을 수 있고, 편년체는 순서를 적을 수 있었다. 하지만 과거에 있었던 일이 다른 사람에게 영향을 준 사건이라면 그 영향을 알기 어려웠다. 그래서 역사 연구에서 중요한 사건이 왜 일어나고, 그 영향이 어떻게 미쳤는지를 알 수 있는 방법으로 기사본말체와 강목체가 나왔다.

역사는 중국의 자랑

중국은 2000여 년의 역사와 문명을 끊임없이 유지해 온 지구 상의 유일 대국이다. 역사와 전통의 힘이 지배하는 나라다. 광활한 영토에 수많은 소수민족, 끊임없는 내쟁과 이민족의 위협·침략, 정복 속에서도 사라지지 않았다.

반면, 로마 이후의 유럽은 근 천 년 동안 분열과 전쟁의 중세 암흑시대가 지속되었다. 중국에서 진시황이 처음으로 통일 제국을 건설하고 있을 때 유럽에서는 로마와 카르타고가 싸우고 있었다. 지금 두 제국은 없다. 나폴레옹 제국은 말할 것도 없고 페르시아 제국, 터키 제국, 몽골제국 모두 멸망했다.

중국과 같은 거대한 제국이 2000여 년을 이어온 것은 역사상 유일한, 기적과도 같은 것이다. 여러 민족 간의 대립과 전쟁, 분열과 통일 과정에서 각 방면의 기량이 쌓이고 단련되고 수혈되면서 강력한 제국을 유지할 수 있었다.[33]

중화민족이 이룩한 역사상의 면모는 찬란했다. 3천여 년 전에 황하문명을 일으킨 황하 유역은 일찍부터 농업을 발전시킬 수 있었다.[34] 당시 화하민족은 벌써 도시·문자·청동기라는 문명의 3대 지표

---

33 최영진, 『동아시아 국제관계사』, 지식산업사, 1996, p.23
34 제러드 다이아몬드 지음·김진준 옮김, 『총균쇠』, 문학사상사, 2013, p.7

를 갖추고 있었다. 자급자족이 가능한 큰 대륙에서 다양한 민족과 국가가 상호 작용하며 자신만의 내적 발전을 기할 수 있었다.

철학·종교, 문학·예술 분야에서 중국의 창조성을 추월하는 다른 문화는 존재하지 않았다. 중국은 인류의 모든 고대문명 가운데 가장 일찍 하늘을 관찰하고 이해했다. 이를 위한 정밀한 체계를 갖추고 음양의 조화를 통한 역법(周易)도 창조했다. 가장 선진적인 채광과 야련(冶鍊: 제련), 농작물 재배 기술도 가지고 있었다. 무엇보다 온전한 형태의 교학 기구(학교)를 설치·운영했다.

물질 문명에서도 유럽 문명에서 유럽인들이 창조하거나 발견한 것보다 중국으로부터 받아들인 것이 더 많았다. 종이와 인쇄술, 화약과 나침반, 비단과 직조 기술, 음용의 차와 음식의 향신료, 도자기와 가죽 기술 등이 그것이다. 중국인들이 과거 문명의 역사를 자랑스럽게 생각하는 이유가 여기에 있다.

중국의 종교는 역사?

현 중국에서 '종교의 자유'는 자신의 의사에 따라 신앙을 선택하거나 선택하지 않을 수 있는 권리를 말한다. 종교의 자유가 없다는 비난을 받고 있는 중국 사람들은 역사를 종교처럼 중시한다. 그들은 어려울 때 역사를 더 찾는다. 역사를 중화문명 계승의 매개체이자 수많은 경험과 교훈을 담은 보고로 여긴다.

중국에서 정치인이나 지식인의 확실한 조건 중의 하나는 자국의 역사 전통에 대한 소속감이다. 중국어를 제대로 구사하려면 고사성어 정도는 적의 선택하고 활용할 줄 알아야 한다.[35] 중국 역사에 달통하지 못한 고위 관리는 동료들을 설득하는 데 어려움을 겪는다.

전통시대는 물론 현세에도 중국의 정치지도자들은 제국을 짊어졌던 옛 제왕들의 통치철학에서 난세를 헤쳐나가는 지혜를 배운다. 1949년 신중국을 수립한 마오쩌둥은 자국의 역사에서 나라를 구하는 지혜와 치국의 책략을 배우고 발휘했다.[36] 문화대혁명의 궁극적인 목표는 유가사상의 핵심인 인(仁)의 마지막 귀로인 대동(大同: 온 누리가 두루 번영해 화평함)이었다.

현재의 시진핑 주석이 이끄는 중국의 꿈은 '중화민족의 위대한 부흥'을 이루는 것이다. 그가 강조하는 중국식 현대화는 전체 인민의 공동부유(대동사회)를 실현하는 현대화이다. 대동은 공자의 유가사상과 중국식 공산주의 사상의 기본이다.

태자당 출신 시진핑 주석의 자국 역사에 대한 사랑은 남다르다. 그는 중국 역사가 사실상 중국의 종교임을 숨기지 않는다. 2021년 7월 1일 중국공산당 성립 100주년 경축 대회에서 한 그의 연설은 온

---

35 성균관대학교 성균중국연구소 편, 『중국 지도자의 수첩』, 성균관대학교출판부, 2016, pp. 6-7
36 렁청진 지음·이해원 옮김, 앞의 책, p.6

통 역사로 채워졌다. 그는 연설에서 중국이 당면한 모든 일은 "역사를 거울삼아 미래를 개창해야 한다"고 역설했다. "역사를 현실에 투영해 미래를 멀리 보자"고 강조했다.

중국 역사에 대한 이해 없이 시진핑이 통치하는 중국 이해는 가능하지 않다. 실제로 중국에서는 현재를 지배하는 자가 과거를 지배하고, 과거를 지배하는 자가 미래를 지배한다. 현재를 지배하는 시진핑 주석은 현재뿐 아니라 중국의 미래를 지배하고자 한다.

그는 10년 중임 제한을 깨고 장기 집권의 서막을 열어놓았다. 그 명분과 정당성을 확보하기 위해서는 역사 해석을 새롭게 해야 한다. 과거를 지배해야 하는 것이다.[37]

2021년 12월, 중국공산당이 역사상 세 번째인 '역사 결의'를 채택한 것은 과거 지배를 통한 현실 지배, 나아가 미래를 지배하기 위한 것이었다. 이 결의는 중공의 100년 역사를 총정리하고, 신시대의 새로운 청사진(사회주의 현대화 국가 완성, 중화민족의 위대한 부흥)을 밝힌 것이다. 중국에 종교가 있다면 그것은 바로 '역사'인 것이 분명하다.

---

37 예영준, "시진핑은 왜 과거를 지배하려 하나", 중앙일보, 2021. 11. 16.

나. 중화사상과 중화문명

화하와 중화, 중화주의

중화문명의 핵심인 중화사상은 중국 고유의 사상과 국가 형태로부터 생성되었다. 중국 역사에서 최초의 국가는 하(夏) 나라다. 하나라 사람들이 바로 최초의 화하인(華夏人), 즉 한족이다. 당시 황하 유역에서 화하인이 창조한 문화는 그 주변 지역의 문화보다 훨씬 더 선진적이었다. 화하 문화는 시간이 흐르면서 더 강력한 능력과 세력으로 흡인력을 갖게 되었다.

오랜 역사 속에서 형성된 관념인 화하·중화(華夏·中華)에는 민족적·문화적 우월 의식이 내포돼 있다. 중(中)은 '중앙', 화(華)는 '문화'라는 뜻이었다. 중화(中華)는 중국이 온 천하의 중심이면서, 가장 앞선 문화를 가지고 있다는 선민의식 표현이었다.[38] 중화문명은 세계에서 유일하고, 위대하며, 중심적인 것임을 의미했다.

고대 중국에서 질서의 관념이 생기고, 부족 연합에서 왕조에 의한 지배가 시작된 시기는 춘추시대 이전인 서주(B.C. 1046~770) 무왕 때이다. 상나라를 멸하고 중원(中原: 중국 대륙 중앙부, 중국문명과 정치

---

38 문대근, 『한반도 통일과 중국 – 과거·현재·미래의 한·중 관계』, 늘픔플러스, 2009, pp.64~75

의 중심지)[39]의 새로운 지배자가 된 주나라는 중국 역사상 최초로 독특한 지배 체제인 봉건제도를 창안한다. 주는 지배력을 공고히 하기 위해 봉건제도에 혈연적 특색을 가미한 종법(宗法) 제도를 만들었다.

종법제도는 엄격한 피라미드식 신분 질서가 확립되고 독특한 예문화가 정착되는 데 기여했다. 주례(周禮)라는 치밀한 예절 규범은 사회 전반에 걸쳐 철저한 위계질서가 확립되도록 했다. 의식주를 비롯해 일거수일투족을 신분에 따라 정해진 절차와 제약을 따르게 하는 중국의 독특한 예(禮) 문화가 만들어진 것이다.

나아가 주 왕실은 왕의 정통성을 확립하기 위해 천명사상(天命思想)을 확립했다. 이 사상은 "하늘이 주 왕조를 개국하라고 명령했다. 왕조의 교체는 하늘의 뜻을 반영한 혁명이다. 따라서 백성들은 마땅히 주 왕의 지배를 받아야 한다. 반항하는 것은 하늘을 거스르는 죄악이다"는 논리를 담고 있다.

주나라 시대에 형성된 예악(禮樂) 사상은 전쟁과 제사가 국가의 대사였던 고대 신정정치에서 이루어진 의례와 제례악을 의미했다. 혈연적 가부장제를 기초로 하는 일련의 헌법적인 통치 법규이자 엄격한 사회 규범이고 예의 의식이었다.

이 개념은 춘추전국시대를 거치면서 풍부하고도 앞선 문화와 일련

---

39 원래 중원은 단지 중국이라는 역사공동체의 공간적 범주를 가리키는 말이었다. 김한규 지음, 『天下國家 - 전통시대 동아시아 세계질서』, 소나무, 2005, p.819

의 제도로 발전했다.[40] 유가·법가·묵가 사상 등이 우뚝 선 중화문명의 기초를 세웠다. 전한 시대에 예기(禮記)가 편찬된 이후 예악 사상은 중국인들의 윤리와 도덕으로 체화돼 중국적 생활 방식의 하나가 되었다.

그런데 기원전 3세기, 진이 통일 제국을 건설하자 중국인들의 생각이 달라졌다. 중국이 지리적으로나 정치적·문화적으로 세계의 중심에 있다는 우월 의식이 더 뿌리 깊게 자리 잡았다. 힘이 커지면서 생각이 달라진 것이다.

주변의 이민족 국가보다 먼저 강대한 국가 권력과 문화를 형성한 중국은 자연스럽게 동아시아 국제질서의 중심에 섰다. 이 질서를 이끌어 가는 데 필요한 사상과 제도가 곧 중화주의(또는 중화사상)이다. 중화사상은 중국의 문명에서 비롯된 문화적 우월 의식과 민족적 우월 의식이 결합한 것이었다.

중화문화와 문명

중국의 춘추전국시대는 협객이 범람한 시기였다. 예악이 무너져 문인이 쓸모가 없어지고, 무력이 흥성했다.[41] 문화는 난세에 특별

---

40 黎東方, 『我們的根』, 上海人民出版社, 2008, p.36
41 렁청진 지음·이해원 옮김, 앞의 책, p.440

한 매력을 낳는다. 결코 순수하거나 깨끗하지 않다. 어둠을 배경으로 삼고, 사악을 이웃하며, 불안을 표정으로 삼는다. 그것은 보들레르가 말한 '악의 꽃'과도 같았다.[42]

기원전 5세기 후반, 춘추시대 말에서 전국시대 초기는 힘이 약한 정권과 국가에게 종말의 시기였다. 고대 그리스 세계가 그랬듯이 약육강식은 당연한 대세였다. 전국시대 중기는 계속되는 침략 전쟁으로 누구도 미래를 예측할 수 없었다.[43]

당시 지방의 제후국은 반야만적인 사회였다. 국가는 아직 성숙하지 못한 상태였다. 이 또한 전쟁이 지속된 고대 그리스 도시국가 세계와 같았다. 다만, 중국에서 전쟁의 승패는 병력과 무기보다는 책략과 전략을 아는 인재를 누가 확보하느냐가 관건이었다. 난세에도 생기발랄한 지적 분위기가 조성된 이유였다.

군웅들이 난립하자 신을 절대적 존재를 받들 던 사회 현상도 변했다. 천지는 신성을 잃었다. 난세는 지배층에게 현실을 그대로 보라고 압박했다. 조석으로 변하는 난세의 길흉화복은 신앙적 전일성(全一性), 즉 신을 불신하게 만들었다. 사람들은 그리스 자연철학자들이 아르케를 찾았듯이 다양한 기원의 대상을 찾기 시작했다.

---

42 위치우이 지음·심규호, 유소영 옮김, 앞의 책, p.206
43 金谷治 외 지음·옮긴이 조성을, 『중국사상사』, 이론과 실천, 1996, p.59

학원과 집단이 번영하고 거기에서 성장한 인재들은 각 파벌을 지도하고 대변하면서 나름의 세계상을 그려냈다. 노자, 공자, 묵자가 주도한 사학들은 경험과 이성을 중시했다. 지식인들이 자기의 감각과 이성적 사유를 믿게 되자 자연과 사회에 대한 생각도 변했다. 갖가지 이상 세계를 그리며 거기에 자신들의 희망을 담았다.

제자백가들은 철학 하는 사람들이었다. 그들 간의 쟁명(百家爭鳴)은 인간 자체에 대한 관심, 즉 사람이 어떻게 살아야 난세를 바로잡고, 도덕적으로 올바르게 사는 것인가에 관한 고민이었다. 아래 〈표-3〉에서 보듯 그들은 하나하나씩 성취하고, 전부 달성했으며, 진정으로 완수한 대가들이었다.

〈표-3〉 춘추전국시대 제자백가들의 사상·이론

사상가	주장 요지	비 고
공 자	최초의 지식인, 윤리설, 유가사상의 기초 (인의예지신: 仁義禮智信)	『論語』
묵 자	박애·평등주의(兼愛)	『墨子』
맹 자	인(仁)의 사상, 성선설과 왕도정치	『孟子』
도 가	도(道), 진실의 탐구	『道德經』

음양가와 易	자연철학	『周易』
순 자	고대 철학의 집대성, 성악설	『荀子』
한 비	인간 지배의 실천 이론, 법가 사상	『韓非子』

* 출처: 관련 자료들을 종합 정리함.

춘추전국시대는 춘추 5패와 전국 7웅이 패자의 자리를 놓고 다툰 시대였다. 열국이 분립하는 정치적 혼란 속에서 사상과 문화가 꽃을 활짝 피웠다. 인류사에 길이 남은 지적 문명이었다. 학문이 우매함을, 민본주의가 전제주의를 대체한 고대판 이성혁명이었다. 천문·역법, 수리·토목, 건축·공예 등이 전례 없이 발전했다. 예(禮)를 중심으로 한 유가사상의 성립은 주목할 일이었다.

백가들의 쟁명은 야만의 시대에서 문명의 시대로 소리 높여 노래 부르며 전진하는 것이었다. 유치한 단계에서 성숙한 단계로 한 걸음씩 높이 올라가는 것이었다. 그사이에 겪게 되는 비장하고 참혹한 이야기나 슬기롭고 총명한 사람들의 일화는 무궁무진했다.[44]

중화의 지적 문명 태동과 발전을 주도한 학원이었던 '직하학궁(稷下學宮: 아카데미)' 이야기는 신기할 정도다. 그리스 문명을 창조하는 과

---

44 이중톈 지음 ·심규호 옮김, 『이중톈 제국을 말하다』, 에버리치홀딩스, 2010, p.86

정에서 '아테네학당'이 있었다면 중국의 산동 제나라 임치성에는 '직하학궁'이 있었다. 직하학궁은 중화문명의 창조와 교학·전파의 기지였다. 기원전 4세기 중엽에 창건돼 130여 년 동안 존재했다.

제나라 조정은 처음에 이를 지혜의 창고로 삼았다. 당시 모든 방국의 제후들은 저마다 지낭(智囊)이라는 인재들을 모아들였다. 직하학궁은 최대 규모의 중화 정심(正心)이 모여든 곳이었다.[45] 각지의 인재들이 자유롭게 학파를 발전시키고, 평등하게 논쟁하며 문화와 철학을 교류했다. 직하학궁은 학술 사상 면에서 전대미문의 번영을 가져온 중심지였다.

중화문화는 직하학궁을 통해 일종의 화이부동(和而不同)이라는 웅대한 조화와 결속의 역량을 갖추었다. 세계 문명사에서 보기 힘든 우수한 문화 대열에 진입할 수 있었다. 이는 당시 제자백가들 사이에서 지켜졌던 엄격한 문화가 있었기 때문에 가능했다.

직하학궁의 제가들은 무엇보다 관직을 맡지 않았다. 그들은 관방과의 독립을 유지하는 자유로움, 즉 사상과 표현의 자유를 생명으로 여겼다. 관방에서 벗어나야 독립된 문화적 관점과 입장을 견지할 수 있었다. 이런 전통이 후대에 지속적으로 유지될 수는 없었다. 하지만 정치에 관심을 갖고, 도를 펼치며, 우국우민(憂國憂民)하며 간언을 주저하지 않는 고상하고 강인한 품격은 대대로 널리 전승되었다.

---

45 위치우이 지음·심규호, 유소영 옮김, 앞의 책, p.141

직하학궁에서는 권세에 아부하거나 생각의 다름, 즉 다원화를 무시하는 생각과 행태는 무시당했다. 같은 시기 그리스 아테네 철학자들의 세계에서 지켜진 원칙인 '파레시아(parrhesia)'와도 같은 맑은 정신이 중화문명을 꽃피운 것이었다.

다. 중화제국의 원류는 진·한(秦·漢)

중국의 역사를 짧게 요약하자면 기원전 3000년경 황하문명 태동 이후 하-은-주-춘추전국시대-진-한-위진남북조시대-수-당-송-원-명-청 순으로 나눌 수 있다.

이중 중화제국의 원류라고 볼 수 있는 시기는 춘추전국시대와 진·한나라 시대다. 춘추전국시대는 중화문명을 꽃피웠다. 중국 역사의 고전기였던 진과 한 제국은 그리스·로마가 서양에서 맡은 것처럼 요람이고, 중심이며, 출발점이었다.

미국의 중국 역사 전문가 루이스는 중국이 지금까지 존속한 것은 최초 제국인 진과 한이 시도한 중국문화의 재구성 덕분이라고 주장한다.[46] 그 시기에 정치·군사 제도는 물론 문예·종교 활동, 친족 구조, 향촌 생활 등이 재편되었다. 진과 한이 구축한 제국의 질서와

46　마크 에드워드 루이스 지음·김우영 옮김, 『하버드 중국사 진·한 – 최초의 중화제국』, 너머북스, 2020. 참조

그 토대, 특히 진(秦)이 구축한 제국의 면모는 중화제국의 영원한 원형이다.

진나라 때 '중국의 중국' 형성

서구에서는 기원전 4세기 마케도니아의 알렉산더 대왕 때 국가다운 국가의 관념이 형성된다. 중국에서는 최초의 통일 제국 진나라 때에 엄격한 의미에서 국가 관념이 생겨나고, '중국의 중국'이 형성되었다. 고대 그리스·로마, 인도 등에 차이나(秦: Chin, china)로 알려진 진제국은 2000년 동안 큰 변화 없이 중국 역사에 뚜렷이 새겨졌다.[47]

기원전 221년, 진시황제는 장차 중화제국의 중심부를 이룬 영토인 중원(中原)을 통일했다. 중국 역사상 최초의 천하통일 시대를 연 것이다. 거대한 영토에서 정치적 안정을 이루기 위해서는 중국문화의 철저한 재형성이 불가피했다. 제국은 지리적으로 방대하고, 문화적으로 다양했다. 이를 다스려야 하는 당대의 위정자들이 직면한 핵심과제는 강력한 중앙집권체제를 확립하는 일이었다.

통일 제국은 중국에서 완전히 새로운 정치체제였다. 진시황제는 각 지역의 제후들이 할거하던 춘추전국 시기를 거울로 삼아 봉건제를 폐지하고 군현제를 실시한다. 그는 승상 이사에게 명해 문자와

---

47 선정규, 『중국의 전통과 문화』, 신서원, 2007, pp.33-36

도량형을 통일하는 등 모든 제도를 개혁했다. 장군 몽염에게는 흉노를 토벌하고 만리장성을 쌓게 했다.

문자와 경전, 도량형, 화폐, 법률의 표준화는 대혁신이었다. '황제'라는 새로운 인물상은 하늘과 땅 사이에서 중재자 역할을 하는 우주의 새로운 모델로서의 천자(天子)였다. 국가는 황제라는 인물로부터 발현되었다. 황제 없이는 국가가 존재할 수 없었다.

진 제국의 결정적인 변화는 하나로 통일한 표의문자의 광범위한 사용이었다. 국민들 간에 소통이 어려운 실정에서 표준화된 소통 방식은 제국 내의 모든 지역을 하나로 묶어주었다. 한국·일본, 베트남 등 타 국가들도 한자를 공용문자로 사용함으로써 동아시아 문화권을 형성할 수 있었다.

중국문화의 근본을 재구성한 한(漢)

진 제국이 붕괴된 후 한 제국은 항우와 유방 간의 '초한 전쟁'을 거쳐 수립되었다. 한은 황제 제도를 비롯한 진의 통일된 모든 제도를 이어받아 제국의 기본 틀을 만들었다. 중화제국의 통일된 역사가 시작되었다.

한 제국이 400여 년 동안 제도화한 중화제국의 질서는 5가지 특징을 가지고 있다. ① 완전히 뿌리 뽑히지 않은 뚜렷한 지방색, ② 황제 중심의 정치구조, ③ 한자에 기초한 문해력 함양과 국가 공인 경전 보급, ④ 국가 내부의 비무장화와 변경 민족들에게 군역 부과, ⑤ 조정과 지역을 연결했던 유력 가문들이 그것이다.

진·한 제국에서 형성된 위와 같은 중국적인 특색은 이후 중화제국의 역사에서 지속적으로 수정되며 변화했다. 2000년 중화제국의 역사를 관류하며 중국이라는 국가와 사회 이념, 전통이 되었다.

한나라는 중국사에서 절대적 위치를 차지하고 있다. 유럽 문명의 원형이 로마에 의해 이루어졌다면 중국문명의 원형은 한나라에 의해 이루어졌다. 중국 글자는 한자고, 중국 민족은 한족이다. 한 제국이 중화제국의 기틀을 마련하고, 한족이 중화민족의 주체가 된 것이다.

한은 중국을 재통일해 군현제를 실시하고, 유교를 통치 이념으로 확립했다. 진 왕조의 제도를 승계·발전시켜 완성했다. 진의 각종 제도는 한 왕조 400년의 검증을 거치고서 그 실용성을 인정받아 근대까지 이어졌다.

405년의 최장 역사와 최대 영토를 자랑하는 한 제국은 중국의 현재 모습을 만든 나라다. 기원전 108년 한 무제가 고조선을 멸망시키고 동 지역에 설치·운영했던 한사군 중 낙랑군은 서기 314년까지 400여 년 존속했다. 중국은 지금도 옛 고조선 영토였던 북한 지역에 대해 깊고 끈질긴 역사적 인식과 지정학적 이해를 주장한다.

2008년은 미국의 쇠락을 알리는 미국발 세계금융위기가 발생한 해였다. 그해에 중국은 2008 베이징올림픽 개막식을 통해 전 세계에 과거의 한당 기상(漢唐 氣像)을 재현해 보았다. '중화민족의 부흥'을 통한 '강한 중국'의 꿈을 숨김없이 나타냈다. 당시 중국 CCTV가 올림픽을 위해 제작한 노래 「다시 한당으로 돌아가자(重回漢唐)」는 "한족의 옷을 입고, 예의의 나라를 일으켜 한·당으로 돌아가, 다시 중화의 문화가 넘치는 성세를 읊고 싶다"는 것이었다.

제3부

서구 패권 제국의 DNA

서구 최초의 문명을 연 그리스 아테네가 왜 공멸하는 전쟁을 할 수밖에 없었는가? 로마가 어떻게 지중해의 패권을 차지해 500년 패권 제국으로 군림할 수 있었나? 영원할 것 같던 로마는 왜 망했는가?

이는 미중 패권전쟁의 한 원인인 미국의 쇠락과 미중 패권전쟁의 현재와 미래를 이해하기 위해 반드시 알아야 할 문제다. 독자들은 이 글에서 2500년 전의 역사가인 투퀴디데스의 혜안과 고대 그리스·로마의 역사가 오늘날 반복되고 있음을 확인할 수 있을 것이다.

01

그리스의 흥망과 패권전쟁

아테네는 페르시아 전쟁(B.C. 492~479) 후 제국으로 발전한 후 스파르타와의 패권전쟁에서 패배해 멸망했다. 약 70년 동안의 일이었다. 로마는 공화정 시기 카르타고와의 전쟁에서 승리해 제국으로 발전, 200년 팍스로마나 시대를 연 후, 소리 없이 사라져 갔다. 약 1000년 동안의 역사였다. 급부상한 그리스 아테네가 빨리 멸망한 것과 달리, 하루아침에 이루어지지 않은 로마는 하루아침에 사라지지 않았다.

가. 제국의 흥성과 패권전쟁

아테네의 영광, 제국화

절대 이길 수 없을 거라는 페르시아와의 전쟁에서 승리의 주역은 군사강국인 스파르타가 아니라 아테네였다. 아테네는 기적처럼 그리스 문명의 소멸을 막은 후 성장과 번영, 확신의 시대를 열어갔다. 아테네인들의 자부심과 자신감은 크게 높아졌다.

전쟁 후 아테네는 발칸반도와 흑해, 동지중해 일대를 장악했다. 기원전 478~477년경 아테네는 페르시아의 재도발을 막기 위해 델로스동맹을 결성했다. 동맹에는 에게해 섬들과 그리스 본토 해변, 소아시아 서쪽 해변의 300여 개 도시국가가 참여했다.

동맹의 맹주가 된 아테네는 학문과 예술을 꽃피웠다. 민주정치와 강력한 해군력으로 에게해를 지배하는 제국이 되어갔다. 페르시아 전쟁을 주도하며 승리를 견인한 명분, 부와 높은 수준의 문화, 무엇보다 민주주의는 아테네가 그리스 세계의 헤게모니를 쥐게 한 원동력이었다.

페르시아 전쟁 후, 아테네와 스파르타는 기원전 478년부터 432년까지 평화의 시기에 국내 일에만 집중했다. 양국은 두 동맹을 대표해 30년 평화조약을 체결(B.C. 446)해 양국관계를 관리해 나갔다.

무소불위의 강력한 해상 제국으로 발돋움한 아테네는 델로스동맹의 중심지를 델로스 섬에서 아테네로 옮겼다. 동맹의 군사·정치·경제의 중심지가 된 아테네는 황금시대를 활짝 열었다. 물적 자산뿐 아니라 문화적으로도 최고조에 달했다. 귀한 것이 극에 달한 아테네에는 오만과 탐욕이 지배하기 시작한다. 내려오는 길만 있었다.

스파르타의 절제와 우려

스파르타는 펠로폰네소스 북쪽의 도리아인들이 반도 남쪽을 침략해 원주민을 지배하는 군국주의 국가였다. 절대다수인 노예들의 반란이 두려운 스파르타는 강해져야 했다. 국가의 모든 역량은 반란을 예방하고, 주변국을 지배하는 데 쏟았다. 자급자족하며 대외 교역을 금지하고, 외국인의 입국도 허용치 않았다.

힘의 상징인 헤라클래스 후예들인 스파르타는 극단적인 군사문화에서 전투력을 극대화했다. 1만여 명의 스파르타 남성들은 60세까지 일당백(一當百)의 중무장 보병으로 양성되었다. 아테네에 필적하는 펠로폰네소스동맹의 맹주가 된 후에는 주변 나라들과의 협력을 강화했다.

그리스인들은 그들 세계의 유력한 국가인 스파르타를 하나의 기준이자 모범으로 생각했다. 군주제와 과두제를 섞은 혼합 정치체제, 타국 내정 불간섭, 국가에 의한 공교육 실시, 애국심 고취, 시민들의 소박한 생활 방식 등은 스파르타의 특색이었다. 스파르타의 순수함과 절제를 평가한 플라톤은 자신의 이상국가 모델을 아테네가 아닌 스파르타에서 찾았다.

이런 스파르타의 입장에서 아테네의 융성은 불안 요소였다. 아테네의 개방적이고 민주적인 세계관이 자국 노예들에게 확산되는 것이 두려웠던 것이다. 더 두려운 것은 날이 갈수록 강력한 해양제국이 된 그리스가 기존 질서를 흔드는 것이었다. 아테네와 스파르타 간의 세력균형이 깨지면서 파열음이 불가피했다.

추악하고 잔인했던 그리스 패권전쟁

집단생활을 하는 동물의 세계에서 강자들은 모두 상대방보다 우월한 지위를 차지하려고 분투한다. 국제사회에서도 마찬가지, 강대국들은 세계 권력 구조 내에서 패권을 차지하려고 노력하기 때문에 충돌할 수밖에 없다.[48]

아테네와 스파르타 간의 패권전쟁인 펠로폰네소스 전쟁(B.C. 431~404)은 스파르타의 동맹인 코린토스와 중립국인 케르퀴라 간의 사소한 분쟁에서 비롯되었다. 양국관계가 불안정한 상태에서 아테네의 케르퀴라 지원이 전쟁의 불씨가 된 것이다.

당시 제국화한 아테네는 델로스동맹에서 전횡을 부리고 있었다. 동맹들에게 민주화(아테네화)를 강요하고, 과도한 방위분담금을 수탈하며, 아테네 법률을 동맹에 적용하는 등의 행패를 부렸다. 동맹들이 순응할 리 없었다. 아테네의 대외 부정의(不正義)는 대내적으로도 부패하고 타락한 사회를 조성했다. 아테네의 헤게모니에도 균열이 일기 시작했다.[49]

---

48 존 J. 미어셰이머·이춘근 옮김, 『강대국 정치의 비극』, 김앤김북스, 2018, pp.20~22
49 이는 20세기 말과 21세기 초 미국의 쇠락 및 패권 균열의 원인과 유사한 것이다.

그즈음, 아테네가 케르키라와 코린토스의 싸움에 끼어 일방적으로 케르키라의 편을 들자 스파르타 편인 코린토스가 강력히 반발했다. 코린토스, 메가리 등 아테네에 불만을 가진 도시들은 맹주인 스파르타를 끌어들여 아테네와 전쟁하도록 부추겼다.

기원전 432년, 스파르타는 동맹국들과 함께 아테네 제국을 허물기로 결의한다. 스파르타의 최후 통첩을 아테네가 거부하자 기원전 431년, 펠로폰네소스 전쟁이 시작되었다. 쌍방은 기원전 404년까지 27년 동안 전쟁을 한다. 서로에게 확실한 한 방이 없었다.

아테네는 공성전과 해군력에 의존하고, 스파르타는 소수지만 강력한 중무장 보병을 갖고 있었다. 공방을 거듭하던 전쟁은 예상치 못한 변곡점을 맞았다. 아테네에 전염병(장티푸스)이 돌기 시작했다. 아테네는 공성전을 위해 좁은 방벽 안에 병력과 시민들을 모아두어 시민의 3분의 1이 역병으로 희생됐다.

기원전 429년에는 아테네를 이끌던 명장 페리클레스도 역병으로 사망한다. 2년 뒤에는 스파르타의 왕 아르키다모스 2세도 전염병으로 죽었다. 페르시아 전쟁 중에서도 일면 협력 파트너이자 친구 사이였던 두 지도자가 사라지자 전쟁은 크게 악화되었다. 양국 내에서 의견을 조율하고 통합할 카리스마가 있는 통치자가 없었기 때문이다.

특히 정치지형이 바뀐 아테네에서는 중우정치와 선동정치가 지배했다. 탐욕은 결정적인 순간마다 아테네가 엉뚱한 결정을 내리게 했다. 강경파가 득세하고 과두파에 의한 정변도 빈번했다. 당시 소크라테스를 사형시킨 아테네의 민주정치는 최악의 정치체제로 전락하고 있었다.

전쟁이 고조되면서 아테네의 정치적 혼란과 더 폭압적인 대외 부정의는 일부 동맹들의 저항과 이탈, 반란을 초래한다. 전쟁 4년 후인 기원전 427년에는 델로스동맹의 수많은 도시국가가 비참한 운명에 처했다.

전쟁이 지속되자 내전의 추악함도 민낯을 드러냈다. 내전은 시민들 간에 분열·대립을 낳고, 피해와 고통이 커지면서 불신·증오로 발전했다. 투퀴디데스는 비통한 심정으로 이 어이없는 증오와 선동과 분열, 그 결과물인 시민에 의한 시민의 학살을 기록했다.

전쟁에서는 인간의 야만적인 본성이 지배했다. 힘이 지배하는 국제정치의 본질도 적나라하게 드러났다. 투퀴디데스는 케르키라 내전을 서술하면서 아래와 같이 썼다.

"전쟁은 난폭한 교사다. 사람의 마음을 대체로 그들이 처한 환경과 같은 수준으로 떨어뜨린다. 이 모든 악의 근원은 탐욕과 야심에서 비롯된 권력욕이었다. 일단 투쟁이 시작되면 이것들이 광신 행위를 부추겼다." [50]

50　투퀴디데스 저·천명희 역, 앞의 책, 2011, pp.286~290

냉혹한 국제관계의 현실은 기원전 414년 아테네가 중립국인 멜로스의 항복을 받기 위해 벌인 '멜로스 회담'에서 잘 드러난다. 아테네 사절단은 패권전쟁에서 자국의 중립과 정의를 주장하는 멜로스 대표단에게 이렇게 말한다.

"문제를 논의할 때 정의의 기준은 강제할 수 있는 권력의 질에 달려 있다. 인간관계에서 정의란 힘이 대등할 때나 통하는 것이다. 실제로 강자는 할 수 있는 것을 관철하고, 약자는 거기에 순응해야 한다. 우리는 단지 무엇이든 가능한 것을 지배하는 필연적인 자연의 법칙에 따라 행동할 뿐이다."[51]

약자가 강자의 뜻에 따르는 것이 정의이며, 힘이 있어야 정의를 말할 수 있다는 것이었다. 당시 그리스 세계에서 힘 있는 자의 침략과 약탈은 곧 자유이고 정의이며, 자연의 법칙이었다.

아테네는 멜로스인들과 같이 자국의 패권에 저항하는 폴리스들에게 잔혹했다. 멜로스가 항복하자 아테네는 멜로스 주민 가운데 성인 남자들은 모두 도륙했다. 여자들과 아이들은 노예로 팔았다. 이후에는 5백 명의 아테네 이주민을 보내 그곳을 식민지로 만들었다.[52] 천

---

51 아테네 사절단과 멜로스 의원들 간의 자세한 대화는 투퀴디데스 저·천명희 역, 위의 책, pp.480~490 참조
52 투퀴디데스 저·천명희 역, 위의 책, p.490

인공노할 만행은 그리스 세계가 아테네를 증오하고 경멸하는 결과를 낳았다.

전쟁으로 완전히 궤멸한 그리스

아테네의 몰락은 타살이 아닌 자살이었다. 무엇보다 급부상한 아테네 제국의 오만과 대외 부정의가 초래한 내부의 타락과 부패, 오판과 실수가 자멸을 가져왔다. 특히 아테네의 멜로스 파멸과 전쟁 말기 아테네 함대의 무모한 시칠리아 원정의 실패는 결정타가 되었다.

더욱더 결정적인 것은 그리스 세계의 분열과 전쟁을 대상으로 한 이웃 페르시아의 이이제이(以夷制夷) 전략이었다. 전쟁의 추이를 관망하던 페르시아는 스파르타의 해군력을 강화하는 데 큰 도움을 주었다. 아테네는 스파르타에게 해상권마저 내주고 말았다. 스파르타가 최후의 순간에 80여 년 전 그리스 전체의 적국이었던 페르시아와 연합하면서 승리한 것이었다.

전쟁은 그리스 전체가 외부 침략에 저항할 수 있는 능력을 고갈시켰다. 전쟁의 승리자로서 그리스 전체의 맹주가 된 스파르타는 국력이 소진되고, 동맹도 망가졌다. 병영국가인 스파르타는 동맹국들을 유인할 수 있는 매력이 없었다. 승리에 도취한 스파르타는 특유의 선민의식과 패권주의에다 소모된 전쟁 비용과 물자를 동맹국들에게 부담시켰다. 아테네보다 더한 패악질을 일삼았다.

스파르타 휘하의 그리스 세계는 자발적인 연합이 불가능했다. 그 상태에서 스파르타에 반기를 든 세력이 곳곳에서 나타났다. 아테네 제국 몰락의 재판이었다. 스파르타는 각지에서 정신없이 싸우다 기원전 371년, 아테네와 손잡은 테베군에 완패했다.

소프트파워가 탄탄했던 아테네와 달리 무력에만 의존했던 스파르타는 재기할 수 없었다. 이후 스파르타의 그리스는 기원전 335년, 마케도니아 알렉산더 대왕에게 정복당하고, 다시 로마의 속주가 되었다. 인류 최초로, 최고의 지적 문명의 새벽을 연 그리스의 영광과 독립은 영영 실종되고 말았다.

그 후 2000여 년 동안 그리스가 자진해서 재기하는 일은 없었다. 27년 동안의 유혈 참극으로 철저하게 파멸돼 국가 재건의 가능성마저 잃어버린 탓이다. 그리스 세계의 패권전쟁이었던 펠로폰네소스 전쟁은 그리스 역사만이 아니라 서양문명사에서도 하나의 큰 분수령이었다.

나. 그리스 패권전쟁과 멸망의 원인

역사에서 가정은 부질없지만, 만약 아테네가 페르시아 전쟁 후에 게해만을 지배하는 데 만족했다면 얼마나 좋았을까? 전쟁으로 멸망하지 않고 더 많은 자유와 민주, 그리고 그리스 문명의 발달을 가져왔을 터였는데 말이다.

무릇 모든 전쟁은 한 가지 요인으로 발발하지 않는다. 여러 가지 요인이 복합적으로 작용한다. 그리스 패권전쟁의 원인에는 앨리슨이 주장한 『예정된 전쟁』으로서 '투퀴디데스 함정'의 요인만 있는 게 아니었다.

대략 3개의 직·간접적인 원인이 작용했다. ① 급부상한 아테네의 제국화와 오만(대외 부정의), ② 양측의 두려움과 상이한 이해관계, ③ 정치지도자들의 무지와 오만, 권력욕이 그것이다. 제국의 몰락과 전쟁의 씨앗들은 아테네의 최전성기에 충분히 자라고 있었다.

급부상한 아테네의 제국화, 오만

페르시아 전쟁 승리 후 아테네는 50년 동안 화려한 영화를 누렸다. 아테네의 수호여신 아테나에게 바쳐진 파르테논신전은 기원전 438년에 완성되었다. 급부상한 아테네는 기존 질서를 주도하던 스파르타를 제치고 그리스 제일의 강대국이 된다.

그리스 문명을 선도하게 된 아테네 제국의 꿈은 그리스 세계 전체를 통치하는 패권국이 되는 것이었다.[53] 기원전 439년경의 아테네는

---

53 그레이엄 앨리슨·정혜윤 역, 앞의 책, p.17

국력이 절정에 달했다. 최고지도자 페리클레스는 아테네가 '그리스의 모범이자 전범(典範)'이 되었다고 자부했다. 아테네인들은 자신들이 진보의 최전선에 있다고 믿었다. 초강대국들이 갖는 선민의식과 우월주의가 싹튼 것이다.

오만해진 아테네는 점차 동맹의 중심 국가에서 주변국들을 착취·억압하고 지배하는 제국이 되어 갔다. 민주화를 명분으로 동맹국들의 속국화를 꾀했다. 힘이 커질수록 패권적이고 제국주의적인 행태와 행패는 끝이 없었다.

경제적으로는 무역이 활발해지면서 역내의 모든 국가로부터 금은보화들이 쏟아져 들어왔다. 동맹들에 대한 징세도 강화해 보호비 명목으로 뜯어낸 기금을 신전 건축비나 연극 공연비 등으로 전용했다.[54]

군사적으로는 거의 모든 속국으로 하여금 독자적인 해군을 포기하도록 했다. 대신 아테네에 방위분담금을 내도록 했다. 동맹에서 탈퇴하려는 나라는 힘으로 제압하고, 점령군으로 통치했다. 동맹국 간의 중요 법률 문제는 아테네 법정에서 아테네 시민들이 판결하도록 강요했다.

제국이 된 후 민주주의 원조인 아테네의 민주주의는 망가져 갔다. 정파 간의 분열과 대립, 포퓰리즘이 지배했다. 페리클레스가 기대했

---

54 그레이엄 앨리슨·정혜윤 역, 앞의 책, p.68

던 대로 중립국들이나 스파르타 주변의 나라들이 민주화되지 않았다. 경쟁국인 스파르타의 반대편으로 돌아서지도 않았다.

특히 속주들의 달콤한 공물에 물든 아테네인들의 영혼은 부패·타락하기 시작했다. 황금만능주의와 도덕적 해이가 팽배했다. 힘들게 일할 필요가 없었다. 페르시아를 무찌를 때의 '마라톤 정신'도 사라졌다. 페르시아 전쟁 승리의 주역이었던 군함의 노잡이는 노예나 고용한 용병들로 채워졌다.

맹주의 권한을 남용한 아테네의 오만함과 무자비함, 교활함은 점점 더 확산되었다. 동맹국들은 물론 중립국들도 아테네를 원한의 시선으로 바라보기 시작했다. 주변 속국들의 원성과 두려움, 저항과 이탈이 속출했다. 아테네에 델로스동맹 맹주의 리더십은 보이지 않았다.

양측의 두려움, 명예, 이해관계

투퀴디데스는 아래 〈표-4〉와 같이 그리스 패권전쟁은 양측의 두려움과 이해관계, 명예심이 서로 결합하고 얽히면서 발생했다고 주장한다.[55] 전쟁의 주원인을 아테네의 세력 신장이 스파르타인들에게 불러일으킨 시기심과 두려움으로 보았다.

---

55 그레이엄 앨리슨·정혜윤 역, 위의 책, p.79

〈표-4〉 투퀴디데스가 본 그리스 패권전쟁의 주원인

구 분	내 용 요 지
국익 (이해관계)	– 핵심 이익은 안보와 주권 수호, 신흥세력은 힘 크기만큼 권리 의식이 증대 – 아테네 급성장이 스파르타 국익을 잠식, 스파르타는 묵과할 수 없게 됨
두려움	– 스파르타는 상대적 쇠락을 경험하며 지나친 공포와 불안감을 갖게 됨. 이는 착시 현상을 불러일으켜 위험을 과장하게 만듦 – 아테네의 자신감은 비현실적 기대감을 야기, 기꺼이 위험을 무릅쓰게 됨
명 예	– 스파르타는 마땅히 받아야 할 인정·존중에 대한 확신과 자존심 훼손 시 모욕을 느낌. 아테네를 불경하고 배은망덕한 도발적 위협으로 여김 – 아테네는 자국 위상이 스파르타보다 더 높다고 여기고, 스파르타의 압박·요구를 무시하거나 거부함

* 출처: 투퀴디데스 저·천명희 역, 앞의 책, p. 93; 그레이엄 앨리슨·정혜윤 역, 앞의 책, p. 85~86 내용을 재정리함.

앨리슨이 명명한 '투퀴디데스의 함정'의 핵심은 기존 질서의 주도국인 스파르타가 급부상한 아테네가 두려워 이를 견제코자 전쟁을 일으키는 함정에 빠졌다는 것이다.

전쟁 발발에는 그리스 세계에서 100여 년 동안 군사적 주도권을 갖고 있던 스파르타의 명예도 작용했다. 스파르타는 공성전에 대비하는 아테네에게 "도시를 둘러싼 성벽을 쌓지 말라!"고 요구했다. 또 "메가라 상인들의 출입을 금지시킨 칙령을 철회하라!"고 했다. 아테네가 자국의 요구를 거절하자 스파르타는 심한 모멸감을 느꼈다. 아테네를 그대로 두면 자국의 주도권이 위태로울 것이었다.[56]

긴장이 고조되자 스파르타가 주도하는 펠로폰네소스동맹 내부 강경파들의 발언권도 커져 갔다. 시칠리아 등에 이해관계를 갖고 있던 코린트 등 동맹들도 아테네의 급팽창에 긴장했다. 펠로폰네소스동맹국들과 중립국들은 아테네의 위세를 두려워하며 이를 전쟁으로 저지하자고 주장했다.

정치지도자들의 무지·오만, 권력욕

스파르타의 공포와 두려움, 그리스의 패권국이 돼야 한다는 아테네의 근거 없는 자신감은 대부분 '무지'에서 비롯되었다. 가장 중요한 전쟁의 원인은 인간 그 자체였다. 투퀴디데스는 전쟁의 근본적인 원인을 두려움이나 명예, 이익을 위해 도덕을 저버리는 인간의 본성으로 파악했다. 전쟁과 같은 참상이 일어나는 악의 근원은 인간의 탐욕과 야심에서 비롯된 권력욕이었다.

양국 지도자들은 쌍방 간의 갈등·대립을 최소화하기 위해 노력했지만, 전쟁을 막지 못했다. 그들은 서로 체스게임을 벌였다. 상대국에 제대로 맞서지 못하는 것을 불명예이자 재앙이라고 믿는 국내정치 주체들과도 씨름해야 했다.

---

56 투퀴디데스 저·천명희 역, 앞의 책, pp.56~57

위기가 발생할 때마다 아테네의 확신에 찬 주장은 오만 그것이었다. 상대적 쇠락을 경험한 스파르타의 불안은 피해망상으로 곪아갔다. 스파르타의 왕 아르기다모스는 전쟁의 위험을 예견하면서도 내부 강경파들을 설득하지 못했다.[57] 아테네도 스파르타가 제의한 휴전마저 거부한 마당에 더 이상 수세적인 전략에 만족할 수 없었다. 양측 모두 가능한 선택지 중 가장 덜 나쁜 것이 '폭력'이라고 믿게 되었다.[58]

아테네와 스파르타의 지도자들은 모두 무절제한 국내정치에 휘말려 버렸다. 투퀴디데스는 전쟁은 불가피한 전쟁이 아니었고, 정치지도자들이 피할 수 있었던 파국이었다고 한탄한다. 그는 정치지도자들의 무지·오만이 부른 망상·오판을 이야기하며 절제의 미덕을 강조했다.

사실, 쌍방의 훌륭한 정치가들과 지혜로운 목소리들은 입을 모아 전쟁은 곧 재앙이라고 경고했다. 아테네와 스파르타도 전쟁을 원하지 않았다. 그러나 힘의 균형이 깨진 긴장 상황에서는 어찌할 수 없었다. 인간의 탐욕과 권력욕, 무지가 낳은 '증후군'들이 확산되면서 불가피한 전쟁이 되고 말았다.

모든 전쟁은 인간의 이성이 탐욕과 권력욕을 통제할 수 없는 상태에서 일어난다.[59] 자신의 마음에 드는 일을 실행할 때에는 훌륭한 정

---

57 그레이엄 앨리슨·정혜윤 역, 앞의 책, pp.69~70
58 이성현, 『미중 전쟁의 승자, 누가 세계를 지배할 것인가?』, 책들의정원, 2019, pp.80~81
59 김한규, 앞의 책, 2005, p.5

지 지도자도 자기 의도의 정당성을 확신하며 적당한 한도를 잊기 쉬웠다. 멜로스인들의 씨를 말린 아테네의 야만과 무모한 시칠리아 침략은 '생존'의 필요에서가 아니었다. '지배'하려는 인간과 국가의 권력욕에서 비롯되었다.[60]

투퀴디데스는 전쟁의 광기를 초래하는 근원 역시 인간의 '탐욕과 야심에서 비롯된 권력욕'이라고 보았다. 정치지도자들은 권력을 잡기 위해 극단적인 수사를 동원해 광기를 부추겼다. 그 과정에서 반대파에 대한 학살, 폭력적 수단을 통한 불법적인 권력 탈취가 행해졌다.

투퀴디데스는 『역사』 책에서 전쟁의 원인을 밝히는 것보다 인간의 본성에 내재하고 있는 두려움을 강조하고자 했다. 그는 책에서 '함정'이라는 말을 쓰지 않았다. 인간의 두려움을 자극하는 요인은 인간의 무지인데, 이를 극복할 수 있다는 인간의 지나친 자신감이 위기를 초래한다고 보았다. 투퀴디데스는 스파르타의 여러 지도자들을 소개하며 지도자의 성품과 지혜가 국가의 흥망성쇠에 미치는 영향을 강조했다.[61]

---

60 김한규, 위의 책, p.5
61 김지훈, "투퀴디데스의 함정'에서 벗어나기: 투퀴디데스의 가르침 재조명", 『국제정치논총』 제60집 제4호, 2020. 12., pp.7~40 참조

'투퀴디데스 함정'의 함정?

앨리슨이 펠로폰네소스 전쟁의 원인으로 '투퀴디데스 함정'을 말한 이유는, 현 미중 관계와 관련, "신흥 강대국 중국이 기존 패권국 미국의 자리를 위협하면 반드시 경고음이 울린다. 이는 인류사에서 되풀이돼 왔던 일"이라는 것이다. 그의 논리에 의하면 중국이 미국을 위협하는 실정에서 미국은 불가피하게 예방적 성격의 패권전쟁을 시작할 수밖에 없는 것이 된다.

사실, '투퀴디데스 함정'은 미국 정치학자 앨리슨의 역사 해석일 뿐이다. 그의 해석이 보편타당한 것일 수 없는 이유는 우선, 신흥강국의 도전에 따른 패권국의 두려움이 전쟁의 가장 큰 원인이라는 데는 무리가 있다. 스파르타를 패권국으로, 아테네를 신흥 강국으로 본 변주 상의 문제, 주장의 시기(미중 전쟁 직전인 2017년)와 의도 등에 비춰볼 때도 의구심을 버릴 수 없다.

'투퀴디데스 함정'론은 다분히 미국의 자기중심적 논리와 사고, 프레임이 실려있는 또 다른 함정일 수 있다. 필자가 펠로폰네소스 전쟁의 원인으로 스파르타의 두려움보다는 아래와 같이 아테네 제국의 대외 부정의를 근본 원인으로 보는 이유이다.

전쟁·멸망의 근원은 대외 부정의

인간의 탐욕·권력욕이 초래한 제국의 대내외 부정의는 곧 그리스 패권전쟁과 그리스 세계의 멸망 원인이었다. 당시 현장에서 펠로폰네소스 전쟁과 아테네의 몰락을 지켜본 대가들은 한결같이 아테네의 대내외 부정의를 지적했다.

소크라테스는 "부정의는 서로 간에 대립과 증오, 다툼을 초래한다. 정의 없이 제대로 할 수 있는 일이 없다"고 정의를 강조했다. 투퀴디데스도 『역사』에서 아테네의 강성이 가져온 제국화와 제국의 오만·독재, 무절제가 저지른 대외 부정의를 거론했다. 플라톤도 아테네 시민의 영혼이 부패하고 타락하면서 정치공동체가 어떻게 파멸하는가를 성찰했다.

이들의 주장은 제국의 대외적인 부도덕한 행위나 무자비함이 어느 정도 정당화될지라도, 대외 부정의는 대내적으로 시민들의 영혼을 타락시켜 결국 국가가 몰락하게 된다는 경고였다.

앨리슨의 주장은 '누가, 왜?'라는 관점에서도 다소 무리가 있다. 패권국 스파르타가 도전국 아테네를 두려워해서 전쟁을 시작했다? 즉 패권국인 미국이 중국의 굴기가 두려워 전쟁을 시작했다는 주장은 일면 그럴 듯하다. 하지만 미중 간의 세기적인 문명충돌을 설명하고 이해하는 데 사용할 렌즈로는 뭔가 부족하다는 느낌이다.

앨리슨의 하버드대 스승이었던 키신저는 생전에 자신의 수제자가 주장한 '투퀴디데스 함정'을 비판적으로 언급하는 경우가 많았다. 그는 "미국과 중국의 공멸을 의미하는 패권전쟁의 불가피성을 강조하면 안 된다. 두려움은 미국뿐 아니라 중국도 가질 수밖에 없다. 역사는 선언하는 것이 아니라 발견하고 논쟁하는 것"이라고 말했다.

02

로마제국의 융성과 멸망

　로마제국의 흥망과 패권의 수립·운영 등은 미국의 국가 건설자들과 전략가들에게 밴치마킹의 대상이었다. 아테네의 흥망은 로마에서 반복되었다. 로마의 흥망성쇠 과정은 미국에서 반복될 조짐이다. 로마를 자세히 들여다보면 현재의 미국이 보인다.

가. 로마의 흥성과 그 동력

　"많은 개울이 호수로 흘러가듯이 고대사가 모두 로마사로 흘러들었다. 근대사는 다시 로마사에서 흘러나왔다. 로마사가 존재하지 않았다면 서구 역사는 무의미한 것이다."
　- 1854년 바이에른 국왕 막시밀리안 2세의 역사 강의 중

로마는 서양 역사의 시작이었다. 전 유럽을 아우르는 대제국이 된 로마는 1천 년 넘게 존재했다. 역사상 최대의 범위에서, 최고의 패권을 휘두른 미국은 로마제국의 DNA를 갖고 출범했다. 로마보다 더 강력한 세계 패권국이 되었던 미국은 여전히 로마제국과 같은 천년 왕국을 꿈꾸고 있다.

로마는 하루아침에 이루어지지도, 쉽게 무너지지도 않았다. 그리스 아테네처럼 도시국가에서 시작해 거대 제국으로 발전했다. 왕정 시기(B.C. 753~509)에 국가 기반을 튼튼하게 닦고, 공화정 시기(B.C. 509~27)에 제국으로 성장했다. 제정 시기(B.C. 27~ A.D. 476)에는 지중해 전역을 지배하며, 역사상 처음이자 마지막으로 거의 모든 유럽 지역을 지배하는 대제국이 되었다.

로마의 천 년은 카르타고, 마케도니아 등과의 끊임없는 전쟁, 내전과 반란, 권력투쟁 등으로 점철되었다. 왕과 귀족, 평민 간의 이권 다툼, 황제와 귀족과 평민과 노예 간의 갈등과 대립이 끊이질 않았다. 그런 천 년 왕국도 결국 찬란한 문명의 꽃을 활짝 피운 후에 맥없이 무너졌다.

지중해 세계를 정복한 로마

로마는 기원전 8세기경, 이탈리아반도 중부의 테레베 강가의 조그만 도시국가로 출범했다. 신생 로마는 헬레니즘 세계가 분쟁을 거듭하는 동안 착실하게 내정을 다졌다. 주변국의 좋은 제도와 문화, 기술을 흡수하며 점진적으로 발전했다.

기원전 6세기 말, 로마는 왕정을 폐지하고 원로원과 민회, 집정관에게 권력을 분산시킨 공화정을 수립한 후 급성장했다. 3권 분립 속의 견제와 균형의 논리가 작동되는 정치체제로 정치적 안정과 경제적 발전을 기할 수 있었다.

대외적으로는 자체의 군사력과 이탈리아반도 여러 도시국가와의 동맹을 통해 끊임없이 정복전쟁을 할 수 있었다. 기원전 3세기 초, 로마는 신흥 귀족의 뛰어난 지도력, 시민병의 충만한 사기와 국가 의식, 역내 국가들과의 긴밀한 안보 협력 등을 통해 강대국이 되었다. 기원전 265년에 이탈리아를 통일한 로마는 지중해로 진출하기 시작한다.

포에니 전쟁 승리, 제국의 발판 마련

포에니 전쟁(B.C. 264~146)은 로마가 카르타고와 지중해를 둘러싸고, 3차례에 걸쳐 120년간 벌인 전쟁이다.[62] 이 전쟁은 역사상 가장 길고, 가장 치열한 전쟁이었다. 전쟁은 해상국가와 내륙국가 간의 격돌, 용병으로 구성된 강력한 카르타고 해군과 통일 전쟁을 완수한 시민군 중심의 노련한 로마 육군과의 싸움이었다.

---

62 제1차 포에니 전쟁은 B.C. 264~241년, 제2차 포에니 전쟁은 B.C. 219~201년, 그리고 제3차 포에니 전쟁은 B.C. 146년 카르타고의 멸망으로 끝난다.

포에니 전쟁은 로마가 제국으로 성장하는 발판을 마련해 준 기회였지 패권전쟁은 아니었다. 전쟁에서 승리한 로마는 지중해를 장악한다. 시칠리아와 코르시카, 지중해의 모든 섬들과 '신카르타고'인 스페인 지역을 넘겨받았다. 지중해를 지배하는 대제국으로 발전한 로마는 마케도니아(1~4차), 시리아와의 전쟁에서도 승리해 지중해 전역을 지배하는 패권 제국이 되었다.

이후 로마는 고대의 어떤 왕국 또는 제국보다도 오랫동안 모든 적을 굴복시키면서 전진해 나갔다. 소아시아 반도로 진출한 후 기원전 63년과 30년에는 시리아와 이집트를 속주로 편입시켰다. 지중해 세계 전체를 통일한 것이다. 공화정 말기와 제정 초기에는 유럽 내륙으로 진출해 로마제국의 경계는 라인강과 다뉴브강까지 이르렀다.

제국의 평화, 팍스로마나

로마의 경제는 공화정 후기부터 그 규모가 확대돼 제정 초기에 절정에 달했다. 농업은 대농장제가 발달해 환금 작물 재배와 곡물의 대량생산이 가능했다. 산업은 도자기·직물, 유리·금속 분야 등의 제조업이 발달했다.

대외 교역 또한 아라비아와 인도, 중국 등으로 확대되면서 중국의 비단과 차 등을 수입했다. 대외 경제 활동의 중심은 동부 지중해 지역에 있었다. 서유럽도 포도와 올리브 재배가 확대되고, 도시가 발달해 교역이 증대되었다.

　제정로마시대가 열린 후 로마 군단은 아우구스투스에 의해 크게 개편되었다. 로마군이 기존의 경계선을 요새화하는 작업을 실시하면서 보병 위주의 로마 군단이 쇠퇴했다. 공병은 장성과 도로를 건설하며 토목공사 기술을 발전시켰다. 기원전 27년경, 카이사르는 부패한 공화정을 뒤엎었다. 제정 로마의 첫 황제인 옥타비아누스의 개혁은 로마를 황금기로 이끌었다.

　로마는 영토를 더 확장하고 5현제 시대 200년 동안의 팍스로마나 시대(B.C. 27~180)를 열었다. 이 시기 로마는 상업무역이 번창했다. 균질의 문화가 전 지배 영역에 골고루 미쳐 수도 로마의 시민이나 속주민 모두 태평성대를 누렸다. 168년에는 육지에서 가장 강력한 마케도니아를 정복해 경쟁국 없는 단극 패권 제국이 된다.

　로마 시대에도 힘 있는 자가 힘없는 자를 정복하는 것은 정의이자 신의 섭리였다. 로마제국은 이탈리아반도와 유럽, 지중해를 넘어 북아프리카와 페르시아, 이집트까지 지배했다. 지중해를 자국의 호수로 삼아 모든 길이 로마로 통하는 대제국을 건설했다.

　로마는 점령만 하는 것이 아니라 점령지의 좋은 문화와 문물을 수용하기도 했다. 헬레니즘과 오리엔트 문명을 흡수하며 발전해 "모든 길은 로마로 통한다"는 말이 생겨났다.

무엇보다 실력과 지혜, 공로가 있는 위인이 최고 통치자인 집정관으로 선출되는 합리적인 정치(일종의 현능주의)가 로마를 발전시켰다. 마리우스는 7회나 집정관에 당선되기도 했다. 초기의 로마지도자들은 출신 성분이 아니라 본인의 지혜와 학문, 덕망으로 평가받았다.

로마는 노예들의 반란, 평민파와 귀족파의 내전, 삼두정치, 권력투쟁 등 4번의 큰 국가 위기를 슬기롭게 극복한다. 속주민을 주요 관직에 등용하고, 속주민에게 로마 시민권 획득 기회를 확대하는 등의 포용 정책으로 정치적 안정을 꾀했다.

각지에서 들어온 공물과 전리품들로 공공건물과 신전, 극장 등을 건설한 로마는 오늘날까지 아름다운 도시로 남아있다. 그리스 문화의 계승 발전, 법률·건축·도로 등 실용적인 문화의 발전, 크리스트교의 국교 인정(A.D. 313) 등은 로마 이후 유럽 문화의 중요한 기반이 되었다.

로마의 부흥·융성의 동력

역사적으로 서구 각 제국과 각 문명 발전의 초기에 중요한 가치는 자유·민주와 개방·포용이었다. 페르시아 전쟁에서 승리한 그리스 아테네와 포에니 전쟁에서 승리한 로마제국은 제국으로의 성장 과정에서 비슷한 가치들을 추구했다. 후발 주자인 로마는 그리스의 문명과 주변국의 장점들을 적극적으로 계승·발전시켜 유럽 지역 전체를 지배하는 패권 제국이 되었다.

로마 번영의 절대적 선행 조건은 내부의 안정과 단결이었다

정치·사회적 갈등과 대립이 불가피한 국가에서 국민적 단결과 협력 없이 번영·성공은 있을 수 없었다. 로마인들은 이 사실을 잘 알고 실천할 수 있는 정치적 역량을 갖고 있었다.

로마의 전통에는 절제와 평정심, 강건함과 정의 등이 있었다

이는 곧 로마 공화국 시민의 덕성이었다. 시민들은 대체로 검소하고 순박했다. 오랫동안 탐욕과 사치로부터 자유로웠다. 만민 평등 사상과 함께 합리적인 법제도를 구축·운영했다. 일찍부터 민의를 수렴했다. 시민들의 대표를 선출할 수 있는 원로원·집정관, 평민회와 호민관 제도를 발달시켰다. 최초의 성문법인 12표법, 평민의 정치 진출을 열어준 카눌레이아법의 제정·운영은 오늘날의 민주주의 표본이었다.

로마의 광대한 영토 정복의 힘은 강력한 군사력에 있었다

로마 초기에 시민의 최고 의무는 병역이었다. 민회에 출석하거나 공직에 나서려면 최저 10년의 군무 경력이 필요했다. 군인들은 참전을 명예로 생각했다. 로마는 군인이 우대받는 군인 중심의 사회였다. 로마의 번영은 끊임없는 대외 정복전쟁을 통한 영토의 확장과 전리품, 자원·노예 수탈 등 공납의 산물이었다. 로마가 오랫동안 제국의 위엄을 지키며 팍스로마나를 구축할 수 있었던 배경에는 로마 군대에 대한 외부의 두려움이 있었다.

또 다른 면에서 제국의 번영 요인은 응집력과 단결력이었다

로마도 여러 정치·사회적인 문제로 빈번하게 위기에 처했다. 그러나 로마는 특유의 응집력으로 매 위기를 기회로 전환하는 모습을 보였다. 권력과 권력 간의 끝없는 갈등·대립과 위기를 슬기롭게 헤쳐 나가는 정치 기술에는 로마인들의 로마에 대한 사랑과 긍지가 자리하고 있었다. 로마 시민의 애국심은 자유와 정의가 살아있는 조국을 지키는 것이었다. 페르시아 전쟁 시 그리스 아테네 시민들이 가졌던 마라톤 정신과 같았다.

특히 지도층의 솔선수범과 절제 있는 행동은 로마를 떠받드는 굳건한 초석이었다

로마의 천 년을 지탱해 준 철학은 높은 사회적 신분에 상응하는 지도층의 도덕적 의무와 솔선수범, 즉 '노블레스 오블리주(nobless oblige)'였다.

초기 로마의 왕과 원로원 귀족들은 자신들이 누리는 부와 권력, 명예만큼의 도덕적 의무와 책임감을 가졌다. 평민보다 더 많은 세금도 냈다. 전쟁이 나면 앞장서서 싸웠다. 지도층일수록 철저히 법을 지킴으로써 법에 생명력을 불어넣었다. 최고 통치자의 가족이라도 법 앞에서는 예외가 없었다.

로마가 대제국으로 발돋움할 수 있었던 결정적인 기회는 포에니 전쟁의 승리였다. 당시 로마의 권력자들에게 외국 도시를 약탈하는 것은 곧 성공이자 승리의 징표였다. 황제들은 그 부를 로마 시민에게 쏟아부으며 권력을 유지했다.

로마는 아테네와 똑같이 제국에 저항하는 민족을 철저하게 응징했다. 가장 큰 적이었던 카르타고는 국민들과 농경지 등 인간과 자연을 철저하게 파괴해 재기의 가능성을 완전하게 지워버렸다. 반란을 일으킨 유대인들은 유랑민족으로 만들었다. 『역사(로마쇠망사)』를 쓴 기번은 로마인을 잔혹함과 천재성이라는 면에서 역사상 유례를 찾아보기 힘든 '정치기계'라고 말한다.[63] 그런 자질이야말로 로마가 세계를 지배할 수 있게 큰 원동력이었다는 것이다.

한편, 로마가 제국으로 성장하는 과정을 직접 바라본 역사가 폴리비오스는 『역사(로마 흥성사)』에서 로마인들이 어떻게, 어떤 종류의

---

[63] https://blog.naver.com/jamesliu/222415130408(로마 흥망사) 03 에드워드 기번의 로마사 22~31장: 네이버 블로그(naver.com)

제도 덕분에 역사상 유례를 찾아볼 수 없는 일을 해낼 수 있었는가 답을 찾고자 했다. 그는 혼합정치체제인 로마의 공화정에서 그 답을 찾았다.

공화정은 왕정의 요소인 집정관이 최고의 명령권과 지휘권을 가졌다. 귀족정의 요소인 원로원(상원)과 민주정의 요소인 민회(하원)가 상호 견제하며 균형을 이룰 수 있었다. 공화정은 군주정과 귀족정, 민주정의 장점을 모두 합한 최선의 정치체제였다. 로마는 공화정 시기에 효과적인 결정, 신중한 심의, 다수의 지지가 결합해 정치적 안정을 이룰 수 있었다.

복합적인 통치체제 덕분에 로마는 단일 통치 형태가 빠지기 쉬운 변질과 타락의 악순환을 피할 수 있었다. 역사가 폴리비오스는 로마의 공화정을 강하게 만든 가장 중요한 동력은 혼합정체 속에서 귀족과 일반 시민 간의 조화로운 공존이었다고 말한다.

무엇보다 제국이 직면한 여러 차례의 위기를 극복할 수 있었던 것은 체제 개혁을 통한 국가 역량의 증대였다. 지난 500여 년의 역사에서 대부분의 서구 제국은 한 번 하락세에 접어들면 두 번 다시 일어나기 힘들었다. 4번이나 중흥했던 로마는 실로 대단히 이례적인 사례였다.

고대 로마제국과 견줄 수 있는 미국의 패권은 그동안 3번의 위기를 극복하며 자가 조정 능력을 보여주었다. 21세기 초, 이전과 비교되지 않은 복합적인 위기를 맞은 미국은 4번째의 위기를 극복하고 재건해 다시 위대한 미국이 될 수 있을까? 미중 패권전쟁의 관건은 바로 미국이 직면한 4번째 위기 극복 여부다.

나. 로마제국의 멸망과 그 원인

로마를 벤치마킹하며 국가를 수립하고 패권을 운영해 온 미국의 흥망성쇠 과정과 그 원인들은 하나같이 로마에서 비롯된 것이 아닌가 의심이 들 정도로 놀랍다. 특히 로마제국의 쇠락 과정에서 나타나는 징후들은 현재의 미국을 비추는 거울 같다.

로마제국은 2세기 말부터 쇠망의 길로 들어갔다. 먼저 융성의 동력이었던 다양성과 포용성, 철저한 군기 등이 사라지기 시작했다. 부가 축적되면서 나태해진 시민들의 영혼이 부패하고 타락해 갔다. 제국의 오만과 대외 부정의가 낳은 각종 기저 질환들도 악화돼 갔다.

359년, 로마가 동로마제국과 서로마제국으로 분열된 후 5세기 초부터는 북방 야만족들이 끊임없이 침입했다. 서로마제국은 게르만족의 압박으로 476년에 멸망한다.

유구한 역사 속에서 수많은 나라들이 명멸했지만, 로마처럼 오랜 기간 존속하면서, 그토록 넓은 영토를 가지고, 주변 국가들에게 영향을 끼친 국가는 없었다. 천 년 로마가 멸망한 이유에는 뭔가 특별함이 있을 것이었다. 수많은 역사학자가 로마의 멸망 원인을 연구했다.

아래 〈표-5〉와 같이 각기 다른 입장·관점들이 다양한 해석을 내놓았다. 이외에 독특한 관점에서 연구한 글들도 많다.

〈표-5〉 전문가들이 진단한 로마제국의 멸망 원인

역사가	멸망의 원인	비고
폴로비오스 (그리스 역사가)	시간이 흐르면서 로마의 융성을 가져온 혼합 정치 체제의 장점인 3권분립과 상호 견제·균형이 무너짐	『역사』
기번 (영국의 역사가)	가정의 파괴, 높은 세율과 무분별한 재정 지출, 비정상적인 쾌락 추구, 과다한 군비 확장과 인구 감소, 종교의 부패로 로마의 독특한 강점(관용·다양성) 상실	『로마제국 쇠망사』
조지프 테인터 (영국 고고학자)	복잡한 사회의 한계 수익 체감의 법칙: 확대된 영토·군사비는 제국의 한계 수익을 감소, 제국의 붕괴는 제국의 거대함에서 비롯된 불가피한 일이었음	『문명의 붕괴』
로스토프체프 (러시아 출신 미국 역사학자)	산업 공동화: 정복·시장 확대→ 생산지가 속주로 이동 → 속주 발전이 본토 쇠퇴·공동화 초래, 제국 후기 영토 확장의 한계로 노예 노동력 공급이 부족해 경제가 붕괴됨	『로마제국의 사회경제사』

* 출처: 관련 책자 자료 등을 취합해 정리함.

역사의 연구는 '사건의 원인들에 관한 연구'이다. 사건의 원인을 밝혀야 미래로 가는 역사 전개의 과정을 예측하고 해명할 수 있다. 그런데 큰 사건일수록 수많은 원인과 인과관계가 작용한다. 어떤 사건의 전모는 모든 원인을 알아야 하나 그 많은 원인을 모두 규명할 수는 없다.

따라서 수많은 요인이 모두 일정 부분 영향을 미쳤더라도 가장 중요하고 핵심적인 이유, 즉 동인(動因)을 밝힐 필요가 있다. 로마의 멸망 원인은 다음과 같이 3가지로 정리할 수 있다.

제국의 지나친 팽창

로마제국의 쇠퇴는 그 거대한 규모가 초래한 불가피한 결과였다. 아래는 기번이 분석한 로마제국의 몰락 원인이다.

"번영이 쇠퇴의 원리를 숙성시켰다. 정복이 확대되면서 파멸의 원인도 커졌다. 제국이라는 거대 구조물은 자체의 무게를 견디지 못하고 무너져 버렸다. 제국의 번영과 평화가 자체의 생명력과 정신력을 앗아갔다.". "로마는 모든 것을 소유했으나, 그 후 모든 것이 시들해졌다."

로마는 서서히, 눈치채지 못한 어느 순간에 쇠망의 길로 들어섰다. 성장의 과정에서 계속된 정벌전쟁으로 식민지가 확장돼 배보다 배꼽이 더 커졌다. 폭력적인 방법을 통한 식민지 정벌은 곧 폭압적인 통치로 이어졌다. 반발과 저항이 거세졌다.

제국이 비대해지자 공화정이 제정(帝政)으로 변하면서 다양성과 관용이 사라졌다. 절제하며 자유를 누리던 로마인들은 점차 문명과 풍요, 사치와 향락의 노예가 되었다. 로마는 그때부터 쇠망의 씨앗을 배태하고 쇠퇴해 갔다.

네로 황제와 같은 폭군들에 의해 폭압이 강해지고, 모럴 해저드도 심각해졌다. 힘든 일을 하는 교사나 의사, 검투사도 노예들이 담당했다. 생산을 담당하거나 힘든 일을 하는 노예의 무한 공급을 위해 정벌전쟁은 계속해야 했다.

식민지 영토는 점점 더 넓어졌다. 태평성대인 오현제 시대에는 몰락으로 가는 길이 더 넓어졌다. 가장 큰 문제는 크고 복잡한 대제국 사회의 '한계수익 체감'이었다. 경제가 문제였다. 증대된 영토만큼 이를 지키고 관리하기 위한 군사비와 행정비는 제국의 한계수익을 감소시키는 가장 큰 요인이었다.

수익보다 비용이 많아지자 국가의 재정난이 심화되었다. 이를 해소하기 위해 갖가지 묘안들이 속출했다. 기술 혁신과 생산성 향상을 위한 정책은 없었다. 삼정문란(三政紊亂)과 같은 과중한 세금과 착취는 내부의 도시와 농촌을 피폐화시켰다. 국민들은 세금원이 될 수 있는 생산적인 일들을 회피했다. 열심히 일할수록 손해였기 때문이다.

대외적으로 각 식민 속주에 대한 수탈이 증대되자 그들의 로마에 대한 충성심도 약화되었다. 반발과 저항이 늘어가면서 한계 비용은 더욱 커갔다. 최소한의 투자 수익을 유지하는 데 실패한 로마제국은 결국 체제의 정당성은 물론 생존 가능성조차 잃어버린다.

테인터는 "너무 비대해진 로마는 덩치를 견디지 못해 무너졌다. 이는 제국의 거대함에서 비롯된 자연스럽고도 불가피한 일이었다"고 강조한다. 번영이 쇠퇴의 원리를 무르익게 하고, 정복 지역이 확대되면서 파멸의 원인도 증가한 것이다. 로마는 동서 로마로의 분할이 아니라 '팽창'으로 멸망한 것이었다.

대외 부정의 심화

또 다른 로마의 멸망 원인은 그리스 아테네 제국의 멸망 원인과 같은 대내외 부정의였다. 그리스와 로마 등 고대 국가는 모두 노예제 군국주의 국가였다. 그 체제 내에서 얼마간의 자유와 민주주의가 존재했을 뿐이다.

제국의 주요 과업은 전쟁을 통해 해외 정복지를 확대하는 일이었다. 약탈해 온 자원과 노예, 금은보화들은 통치의 정당성을 확보하는 자원이었다. 이 같은 대외 부정의는 정의로운 일이자 신의 섭리로 여겼다. 힘이 곧 자유이고 정의였다.

로마제국의 대외 부정의는 3가지 문제를 야기했다. 우선, 로마에게 정의였던 정복과 수탈은 속주인들에게는 명백한 부정의이고 불의였다. 억눌린 반발·저항이 언제 터질지 모르는 상황이 지속되었다. 또 갖가지 금은보화들은 로마의 힘 있는 자들에게 더 많이 분배되었다. 부의 분배 과정에서 야기된 계층 간의 위화감과 불평등은 로마 사회를 분열시켰다. 무엇보다 속주들로부터 수탈을 통해 축적한 경제적 부는 로마 시민들의 혼을 타락시켰다.

물질 문명은 인간의 생활을 풍부하게 하지만, 그 결과는 정신 면에서 소박함을 잃게 한다. 문명의 발전은 매력적이지만 인간을 향락에 빠지게 한다. 나약하게 만들어 부패하게 한다. 서양 역사상 전무후무한 평화의 시기에 로마에는 방탕하고 사치스러운 풍조가 유행했다. 도덕이 타락하고 윤리가 땅에 떨어졌다.

로마의 화려한 대극장과 목욕탕, 건축물들은 식민 속주민들이 건설한 것이었다. 야외 극장의 노예 검투사들은 목숨 걸고 서로 또는 사자와 싸웠다. 이를 이용하고 관람하는 로마 시민들의 혼과 정신이 건강할 리가 없었다.

3세기 말 이후, 로마 최후의 100여 년 동안 로마는 문명의 빛을 잃어갔다. 시민들은 자신들의 문화와 제도에 대한 믿음을 잃었다. 탁월함에서 오는 자신감은 오만함으로, 개방적인 관용과 포용의 모습은 폐쇄로 변했다. 로마 귀족들의 국가에 대한 헌신·봉사 정신도 희미해졌다. 검소하고 순박한 시민들조차 사치와 향락에 빠지면서 로마는 멸망을 맞는다.

주변 이민족의 침입

가장 직접적인 이유는 북방에서 로마를 압박해 온 이민족의 침입이다. 기원전 130년경, 중국 한 무제의 흉노족 정벌은 이후 흉노족의 서쪽으로의 대이동을 가져왔다. 중앙아시아로 이동해 훈족이 된 흉노족은 유럽의 고트족과 게르만족의 연쇄적 이동을 촉발했다. 민족의 대이동은 로마의 국경을 압박했다. 사방에서 군사적 충돌이 빈번해지면서 로마는 급격히 약화돼 갔다.

평상시에 이 정도의 군사적 긴장은 로마의 일상이었다. 융성기에는 충분히 대처할 수 있었다. 쇠퇴기에는 역부족이었다. 무능한 왕들과 군 출신 황제들로 인해 로마 내부가 썩자 속국들이 반란을 일으켰다. 그들이 종주국인 로마를 멸시하는 만큼 그들의 독립의식은 더 커져 갔다.

서기 410년, 서로마는 서고트족에게 이탈리아반도 전체를 짓밟히고 만다. 그때부터 제국의 판도는 크게 달라지기 시작했다. 서고트족·반달족·프랑크의 게르만족 등이 갈리아·에스파니아·브리타니아·아프리카를 점령하고 자신들의 왕국을 세웠다.

476년, 게르만의 용병 대장 오토아케르가 이름뿐인 마지막 로마 황제 로물루스 아우구스투스를 제위에서 끌어내려 자신의 왕국을 세웠다. 서로마제국의 비명 소리는 들리지 않았다. 그렇게 장대하고 위대했던 로마는 조용히 잠들었다.

로마제국은 강대한 도전 국가의 등장이나 패권전쟁으로 희생된 것이 아니었다. 로마의 성격과 운명은 귀족과 평민, 황제와 귀족과 평민, 마지막으로는 게르만족과의 갈등 대립 결과로 결정되었다. 시민들의 타락·부패, 내부 분열·분란, 비효율적인 행정 기능과 안이한 군사력 운용 등 고질병은 치유할 수 없는 것이었다. 타락한 문화에 젖은 로마인보다 고귀한 야만인이 더 문화적이었다. 로마는 절대적인 쇠락의 상태에서 유목민들에게 유린당했다.

제국의 흥망성쇠는 자연의 이치

인류 역사에서 수많은 제국이 세워지고 사라졌지만, 제국의 수립과 강성, 제국의 쇠퇴와 몰락은 지속적으로 반복되었다. 그리스의 아테네·스파르타와 로마의 몰락 과정은 대동소이했다. 반복되는 역사에서 나라의 흥망성쇠는 자연의 이치였다. 어떤 나라도 일정한 원리나 이치, 패턴을 피해 갈 수 없었다.

대가들의 성찰을 빌려 패권 제국의 몰락 원인을 2개로 정리할 수 있다. 하나는 소크라테스 등이 말한 ① 패권 제국의 오만함이 저지르는 대외 부정의는 대내적으로 시민의 부패·타락과 분열, 불평등을 야기하고, 대외적으로 반발·저항을 초래해 결국 내우외환으로 몰락한다는 것이다. 다른 하나는 ② 토인비가 『역사의 연구』(1961)에서 말한바, 패권 제국의 몰락은 모두 타살 아닌 자살이었다는 것이다.

옛날부터 문명이나 권력의 흥망성쇠를 이야기하는 말들은 수없이 많다. 토인비는 세계사의 21개 문명은 모두 '발생→성장→쇠퇴→해체'라는 공통의 과정을 거쳤다고 주장했다. 사람의 천일도 한결같을 수 없다(人無天日好). 흥한 곳은 결국 망하고, 다른 곳이 흥하게 된다. 아무리 아름다운 꽃도 열흘을 넘기지 못한다(花無十日紅).

서울 남쪽의 안양 삼성산(三聖山) 삼막사(三幕寺) 일주문에는 "빛깔은 고와도 지고 마는 것. 이 세상 그 누구 무궁하리오"라는 글이 새겨져 있다. "잠시 강하고 약한 것은 힘에 달렸지만, 천 년의 승부는 이치에 달려 있었다."

제4부

중화 패권 제국의 DNA

01

중화제국의 흥망성쇠

영원한 권력이 어디 있는가?

중국의 역사는 끝없는 분열과 통일로 점철되었다. 진시황 이후 중국은 제국의 이상과 통일을 유지하면서 나라를 분열시켰다 다시 통합하는 옛 관행을 따랐다. 때로 수백 년의 주기를 갖고서 말이다.

14세기의 소설 『삼국지(三國志)』 서문은 중국 역사의 운율과 리듬을 이렇게 표현했다. "오래도록 분열돼 있던 제국은 통일되었다. 또 오래도록 통일돼 있던 제국은 나누어졌다. 역사는 언제나 그랬다."

가. 중국 왕조의 흥망성쇠

중국 역사에는 진·한·수·당·송·원·명·청 등 8개 통일 제국이 있다. 진(15년)과 수(37년)처럼 단명한 왕조가 있고, 송처럼 분열된 왕조도 있다. 진과 수는 단명했음에도 분열되지 않았다. 송은 분열되었으나 단명하지 않고 319년 동안 존속했다.

〈표-6〉 중국 역사의 구분

구 분	나라 명	존속 기간	비 고
한족 통일 왕조	진, 한, 수, 당, 명	1,055년	
이민족 정복 왕조	(요·금) 원, 청	713년	요+금=328년
이민족 침투 왕조(북조)	5호 16국	약 120년	
분열·혼란의 시대	삼국 시대, 5호 16국 시대, 5대 10국 시대	692년	

* 최초 진나라 통일(B.C. 221) 이후 청나라 멸망(1911)까지 총 2132년 동안의 구분 통계임.

진·한과 수·당 이전에는 장기간의 분열과 혼란 상태였다. 춘추전국시대, 위진남북조시대, 오대십국시대가 그것이다. 이후에는 진·수처럼 짧지만 창립의 의의를 지닌 왕조가 자리했다. 연이어 강력하고 흥성한 왕조였던 한과 당은 모두 중간에 한 번씩 끊어진 적이 있었다.

송·원과 명·청 시대는 한족 왕조가 멸망한 이후 북방 이민족 왕조가 뒤를 이은 경우다. 송이 멸망한 이후에는 몽골족 칭기즈칸의 원나라가, 명 이후에는 만주족의 청나라가 등장했다. 한·당·송·명 4개 제국 가운데 한과 당은 내란으로 멸망했다. 송과 명은 대륙 북방 이민족의 침략에 의해 사라졌다.

한·당의 말년에는 왕조가 위급한 때를 틈타 사방에서 이민족들이 공격했다. 송·명의 말년에는 사방에서 내란이 일어났다. 북방 이민족들은 그 틈을 타고 침입해 한족 왕조를 전복시켰다. 한 왕조가 치명적 타격을 입을 때는 대부분 내란 중에 외침을 당한 경우였다.[64]

중화제국의 역사는 후반기에 접어들면서 전반기와 전혀 딴판으로 변해갔다. 송은 거란족 요와 여진족 금에게 국망의 치욕을 당했다. 원은 악행이 심해 모든 이의 분노를 샀다. 명은 활기가 없이 부진했고, 청은 '강옹건(강희제·옹정제·건륭제) 성세'에도 불구하고 생기마저 사라진 채 침침했다. 모두 굳셈에서 약함으로, 흥성에서 쇠퇴로 넘어가는 몰락의 과정이었다.[65]

태평성대였던 한나라 문제와 경제 시절의 '문경의 치(文景之治)', 당나라 태종 시기의 '정관의 치(貞觀之治)'는 누적된 강세의 상징이다. 그러나 강한 것이 더 이상 강해질 수 없으면 붕괴했다. 더 이상 약해질 수 없으면 와해되었다.

---

64 이중톈 지음·심규호 옮김, 앞의 책, pp.156~160
65 이중톈 지음·심규호 옮김, 위의 책, pp.160~161

앞선 네 왕조(진, 한, 수, 당)는 자기가 자신을 죽인 것이었다. 뒤의 네 왕조(송, 원, 청, 명)는 스스로 질식해 죽은 것이다. 결국, 황권을 강화하기 위한 중화제국의 제도가 완벽하게 성숙하고, 체계까지 갖출수록 제국은 점점 더 죽음의 골짜기로 빠졌다.

중국의 역사에서 가장 혼란스럽고 전 인민이 고통받던 춘추전국시대에 사회가 변하면서 사상이 꽃을 피웠다. 유아독존(唯我獨尊)하던 유학이 곧 무너질 듯 흔들리면서 비정통적인 사설(私說)들이 기승을 부렸다.[66] 여러 학자(諸子)들은 나름대로 학설을 세우고, 수많은 학파(百家)가 서로 명성을 다투었다. 중국 최초의 통일 왕조인 진나라와 가장 융성했던 당나라는 분열·혼란의 춘추전국시대와 위진남북조시대를 이은 것이었다.

대당(大唐) 성세에는 독보적이었던 유가사상 대신 유가와 도가, 석가(儒佛仙)가 병존하는 삼교합류(三敎合流)가 이루어졌다. 성당의 3대 시인이라 불리는 이백과 두보, 왕유는 각기 시선(도교), 시성(유교), 시불(불교)로 칭해졌다. 당의 고조인 이연과 그 아들 태종 이세민은 북방 다섯 오랑캐(五胡)의 하나인 선비족 출신이었다. 당나라에서는 호족(이민족 오랑캐)과 한족이 일체가 되면서 성세를 이루었다.

성당 시대에는 문화적으로나 민족적으로 서로 흉금을 터놓고 마

---

66 김한규, 앞의 책, p.221

음을 개방해 찬란한 문화를 꽃피웠다. 그러나 송·명 시대에 다시 유학이 득세하자 중화제국은 돌이킬 수 없는 지경으로 빠졌다. 나라가 통일되고 왕권을 강화하기 위해 사상을 하나로 통일하니 나라의 흥성을 기대할 수 없었다.[67] 자고이래로 유일사상이나 한목소리(one voice) 강요는 망국의 길이었다.

실제로, 성당 이후 중화제국의 제도는 더 이상 이전의 영광을 재현할 수 없었다. 그럼에도 면면히 이어갈 수 있었던 것은 북방 이민족의 끊임없는 수혈이 있었기 때문이다. 오대에 한 번, 원대에 한 번, 그리고 청대에 한 번, 이민족의 피가 흘러들어올 때마다 중국의 정신은 새롭게 활성화되었다.

그렇지 않았다면 중화제국은 로마와 같이 철저하게 훼멸되었을 것이다. 생기가 없는 상태에서 서서히 썩어 들어가 없어졌을 것이다. 대청제국 마지막 100년은 극도로 부패해 썩어 문드러졌다. 안팎의 환란에서 벗어나지 못했다.

그들은 자신들이 호인(오랑캐)이면서 더 이상 호인들의 도움을 원치 않았다. 게다가 그들을 공격한 이들은 영국, 프랑스, 독일, 일본인들이었다. 호족인 이웃의 만족(蠻族)이 아니라 먼 나라 열강이었던 것이다.

중화제국은 왕조의 교체와 수혈에 의존하면서 모진 비바람을 견디

---

67 이중톈 지음·심규호 옮김, 앞의 책, pp.164~165

다 20세기 초엽 스스로 목숨을 끊었다. 그 당시 유럽 열강과 일제의 침략을 당한 대부분의 나라들은 속국이나 식민지로 전락했다.

거대한 중국은 달랐다. 중국은 아편전쟁(1840년~1842년) 이래 70년 동안 주권의 여러 요소를 보존했다. 수모에 적응하며 수모를 이겨낸 것이다.[68] 마침내 중국의 마지막 청 왕조는 1912년 서구 열강이 아닌 내부의 손문이 주도하는 신해혁명으로 몰락했다.

흥망성쇠의 공식

중국의 역사에서는 13개 왕조에 총 60여 개의 국가가 생겨나고 사라졌다. 역사의 반복 과정에서 각 왕조의 흥망성쇠 패턴도 대동소이했다. 그 원리가 자연의 법칙이고 이치였기 때문이다.

1902년, 청나라 말기의 역사가 하증우는 새로운 형식의 저서 『중국 고대사』에서 중국 왕조의 흥망 공식을 다음과 같이 제기했다.

"중국 역사에는 하나의 공식이 존재한다. 대개 개국한 지 40~50년 동안은 새로운 왕조의 도덕성과 건강성이 유지된다. 그때부터 융성기는 약 100년 동안 이어진다. 태평성세는 고작 20~30년이었다. 100년이 지나면 수십 년에 걸쳐 부패·타락의 난맥상이 지속된다. 이로 인해 조정의 재정 위기, 농민의 조세부담 증가(苛斂誅求) 등으로 백성이 도탄에

---

68 헨리 키신저 지음·권기대 옮김, 앞의 책, p.117

빠지면서 농민반란이 발생, 혁명 국면으로 발전한다. 한·당·명, 그리고 다른 모든 왕조는 동일한 과정을 거치면서 흥하고 망했다."[69]

군주는 배였고, 백성은 물이었다. 물은 배를 띄울 수도 있었지만, 배를 뒤엎을 수도 있었다.

중화제국 왕조의 흥망성쇠는 대체로 아래와 같이 4단계를 거쳤다

① **개건:** 개국 초기에는 진보적인 정책을 펼치고, 억압과 견제를 느슨히 하며 민심 얻기에 주력한다. 세금도 경감해 착취·탐욕을 줄이고, 백성들과 더불어 마음 편히 쉬는 유식기(遊息期)다. 이는 스스로를 정상 궤도에 올려놓는 일이었다.

② **흥성:** 새로 등장한 왕조는 초기 정책이나 정책 결정에 오류만 없다면 일정 기간 유지될 수 있었다. 설정한 목표에 도달하면 치세(治世)고, 목표에 도달하고도 남음이 있으면 성세(盛世)였다. 이후 권력 집중을 통제하지 못한 채 성세가 극에 이르면 쇠퇴기로 접어들었다.[70]

③ **부패·타락:** 중·후기로 접어들면 제국의 제도는 또다시 일탈하게 된다. 이는 스스로의 개혁을 통해 바로 잡을 수 없었다. 다시 동란이나 동란 이후 왕조 교체를 기대할 수밖에 없었다. 제국에는 이

---

69 소준섭, 『제국의 부활 – 수퍼파워 중국과 21세기 패권』, 한울아카데미, 2012, pp.46~47
70 이중톈 지음·심규호 옮김, 앞의 책, pp.156~166

런 출구가 필요했다. 사실, 왕조가 강대국으로 발전하면 필연적으로 관료 기구가 비대해진다. 중추 기관이 제 역할을 하지 못하면 지방 세력이 발호한다. 이 상황에서 돌발 사건이 발생하면 조정은 신속한 대응이 어렵다. 진압군이 진압하러 가는 사이에 반란군은 눈덩이처럼 커졌다. 이는 모든 중화제국들이 직면한 공통의 문제였다. 나라가 크면 그만큼 문제도 많이 생겼다.[71]

④ **반란·멸망**: 제국이 쇠락하기 시작하면 백성들은 살아갈 방법이 없게 된다. 그렇게 되면 백성들은 죽기만을 기다릴 수 없었다. 조정에 반기를 드는 기의(起義: 반란)는 쉽게 이루어졌다. 농민들의 기의는 왕조의 교체를 촉진하고 새로운 세상을 열었다.

각 왕조의 흥망성쇠가 위와 같은 과정을 거쳤다면, 2132년 동안 지속돼 온 중화제국 전체를 통관하면 어떤 그림이 그려질까? 놀라운 사실은 개별 왕조 흥망성쇠의 과정과 2000여 년 중화제국이라는 큰 정치공동체의 흥망성쇠 과정이 대동소이하다는 것이다.

그렇다면 1949년 중공혁명 성공 이후 시진핑 시대의 현 중국은 어느 단계를 거치고 있는 걸까? 중화제국이 멸망하고 신중국이 출현한 후 75년이 되는 2024년 오늘날의 중국은 100년 흥성기에 해당한다. 실제로 흥성한 시진핑의 중국은 역사상 세계에서 가장 큰 행

---

71 이중톈 지음·심규호 옮김, 앞의 책, p.363

위자·결정자가 돼 미국이 주도하는 패권을 거부하고 있다.

나. 중화제국 흥망성쇠의 원인

약세가 지속되면 와해되었다. 강세가 지속되어도 붕괴되었다. 성세가 극에 달하면 쇠망의 길로 접어들었다. 이치는 간단했다. 흥하면 망하고, 빨리 세차게 타오르면 그만큼 빨리 식기 때문이다.[72] 그리스 최초의 문명국인 아테네 제국이 그랬고, 중국 최초의 통일 국가 진 제국이 그랬다.

진의 통일과 당의 융성 요인

2000여 년 중국 역사에서 진시황과 당 태종은 통일 위업과 대당 성세를 이룬 황제였다. 두 왕조의 통일·흥성 요인이 흥망성쇠의 대표적인 사례일 수는 없지만, 제도와 사람의 측면에서는 많은 것을 시사한다.

먼저, 진은 500여 년 춘추전국시대를 거치며 최후의 승자가 된 나라다. 중원이 아닌 서쪽 변방의 나라가 전국을 통일하게 된 가장 큰 요인은 과감한 개방 정책이었다. 초나라 출신 여불위를 최고 지위에

---

72 이중톈 지음·심규호 옮김, 앞의 책, p.364

중용했다. 천하통일에 큰 역할을 한 이사와 한비자도 초나라와 한나라 출신이었다.

진은 표준화·규격화로 통치의 효율성을 높였다. 문자를 통일하고 통화와 도량형을 표준화했다. 도로를 정비하고, 마차 바퀴 축의 규격도 통일해 물류가 원활하게 만들었다. 전국을 군현제로 정비해 중앙에서 지방까지 일사불란한 행정체계도 갖추었다. 성과제를 도입해 백성과 군사들이 열심히 뛰게 만들었다. 각종 제도는 법규로 투명하게 정했다. 법가들이 제시한 혁신적인 개혁안은 부국강병의 원동력이었다.

당 태종의 성공 비결은 유구한 역사의 경험에서 나온 지혜였다. 당나라 오긍이 편찬했다는 태종의 언행록 『정관정요』는 군주의 도리와 정치의 요체를 논하며 권력을 말한다.

"황제의 절대 권력은 절대 부패한다. 황제는 항상 잘못 판단한다. 나아가, 독재하고 악행을 저지른다. 그러니 황제는 신하의 직언을 기꺼이 받아들이고, 늘 최선의 군주가 되기 위해 노력해야 한다. 군주가 편안하면 나태해지고, 나태해지면 두려워하지 않고, 두려워하지 않으면 수성하기 어렵다."

당 태종의 '정관의 치'에는 자신의 현명함과 함께 직언·고언을 주저치 않은 충신(忠臣)이 아닌 양신(良臣) 위징이 있었다.

쇠망의 원인·과정

고대 그리스·로마제국의 쇠망 원인은 대체로 침략·약탈 등 대외 부정의가 초래한 대내 부정의였다. 중화제국의 쇠망 원인은 전적으로 대내 부정의에 따른 조정의 부패와 민심 이반, 농민반란 등이었다.

서구의 쇠망 원인은 밖에 있었으나 중국의 그것은 안에 있었다. 대부분은 '내 안에 네가 있고, 네 안에 내가 있는 경우(네·내가 연결)가 허다했다. 왕조 멸망의 근원은 역시 인간의 오만과 탐욕, 권력욕이었다. 그 연장선에서 중화제국의 저발전과 멸망의 원인은 아래와 같이 3가지로 정리할 수 있다.

① 중농억상(重農抑商): 농업을 중시하고 상업을 억제

중국 황제의 입장에서는 만백성의 충성이 경제적 효율성보다 훨씬 중요했다. 조종(祖宗)의 가업, 즉 사직(社稷)을 잇는 것이 민생을 위한 사업을 발전시키는 일보다 더 중요했던 것이다.

봉건질서 유지의 이데올로기였던 충효사상은 백성을 절대복종시키는 수단이었다. 자유롭게 잘 사는 백성이나 강력한 군대의 존재는 절대권력인 왕조의 유지·발전에 별 도움이 안 되는 것이었다. 제국이 '농업을 중시하고, 상업을 억제한 정책', 즉 중농억상을 계속한 이유가 여기 있다.

제국의 합리성은 낙후된 상태의 가난한 백성들을 전제로 했다. 만약 백성들이 두루 부유해지면 제국이 어떻게 되겠는가? 백성이 배가 부르면 딴생각을 해 복잡해진다. 이는 전통시대 모든 제국의 생존 논리였다.

한반도의 조선왕조 500년도 그랬다. 임진왜란과 병자호란 전 외침에 대비하는 노력이 전무했던 이유도 그것이다. 전제군주형 독재국가 북한(조선)의 김씨 왕조가 70여 년 동안 빈곤을 면치 못하는 것도 같은 맥락이다.[73] 지구촌 최고 권력자들, 특히 독재자들의 최우선 목표는 국태민안(國泰民安)보다 권력을 유지·강화하는 것이다.

② **오만·탐욕은 부패·반란 초래**

자고이래로 절대 권력은 절대 독재하고, 절대 부패해, 절대 멸망했다. 아래 〈표-7〉와 같이 중국의 거의 모든 왕조는 시간이 흐르면서 절대 부패해 생산의 주체였던 농민의 반란에 의해 전복되었다. 중국의 역사에서 농민반란은 역사의 수레바퀴였다. 권력을 변환시키는 기계고, 사회 물갈이의 윤활유 역할을 했다.[74]

---

[73] 반면, 현재의 미국은 자본·시장과 군부의 거대한 힘이 세계 패권을 운영하는 동력이었으나, 이들이 기득권 세력이 돼 국가를 좌지우지하는 '딥스테이트'를 구성하면서 민주주의가 작동하지 못하고 있다.

[74] 렁청진 지음·이해원 옮김, 앞의 책, pp.151~152

〈표-7〉 중국의 역대 왕조의 멸망과 농민반란

구분	멸망의 계기가 된 농민반란	비고
한의 멸망	184년 황건적의 난	이후 삼국, 5호 16국 시대
수의 멸망	613년 양현감의 난	이후 당나라 시대
당의 멸망	875년 황소의 난(~884)	이후 5대 10국 시대
원의 멸망	1351년 홍건적의 난	이후 명조
명의 멸망	1644년 이자성의 난	이후 청조
청조 멸망	1850년 태평천국의 난(~1864) 1899년 의화단 사건	이후 중화민국
중화민국 멸망	1920년 이후 농민 중심 공산 혁명	이후 중화인민공화국(중국)

* 출처: 문대근, 『한반도 통일과 중국』, 늘품플러스, 2009, p. 207

    2800여 년 전, 노자는 나라 멸망의 근본 원인인 오만과 탐욕을 피하라고 했다. 그럼에도 각 왕조는 '신왕조의 개창 → 제도 정비, 무인 공신 제거 → 평화·융성 → 안일무사와 부정부패, 전횡 → 농민 부담 가중, 민란 → 새로운 지도자(武人) 부상 → 민란 진압 실패/(때로 + 이민족 침입) → 왕조의 멸망' 과정을 반복했다.

중국 역사의 수레바퀴는 황제가 움직이지 않았다. 문화인과 지식인들의 비판적 이론과 평가와도 상관이 없었다. 그들이 펜의 무기를 꺼내기도 전에 폭정을 참을 수 없던 백성들이 죽창을 들고 일어나 봉기하고 있었다.[75] 그 어떤 성세도 극에 달하면 부패하고 타락해 쇠망의 길에서 엎어졌다. 타살 같은 자멸이었다.

반면에 한반도 국가의 역사에서는 농민반란에 의해 왕조가 교체된 적이 한 번도 없었다. 대부분 왕실 또는 지도부의 내분으로 왕조가 멸망하거나 교체되었다. 고조선과 고구려·백제는 외부 세력의 침략과 전쟁 과정에서의 내분, 신라와 고려·조선은 자체 분란 또는 분란의 와중에서 외침으로 자멸했다.[76]

③ 민심의 이반

중국사의 흐름을 바꾼 대전쟁의 승패는 군사력이 결정하지 않았다. 병사들의 사기와 민심이 강력한 힘으로 작용했다. 대표적 사례는 기원전 206년부터 4년 동안 벌어진 초(楚)의 항우와 한(漢)의 유방이 중원 패권을 두고 대결한 '초한 전쟁'이다.

이 전쟁에서 승리한 유방은 중국사에서 가장 긴 426년 동안이나 장수한 한(漢) 제국의 고조가 되었다. 국공내전에서 승리한 마오쩌둥

---

75 이중텐 지음·심규호 옮김, 앞의 책, p.108
76 한반도 국가에서 농민반란이 성공하지 못한 이유는 국토 면적, 즉 종심(縱深)이 짧아 중국과 달리 진압군이 반란군을 조기에 진압할 수 있었기 때문이다.

의 공산혁명군은 1949년 10월 신중국을 건설해 오늘에 이르고 있다. 전쟁에서 유방과 마오쩌둥의 승리는 민심이 결정했다.

초한 전쟁에서 유방이 승리할 수 있었던 2가지 큰 요인은 군심뿐만 아니라 민심도 얻은 것이다. 부하들이 잘 따르는 덕장 유방은 진나라의 잔혹한 법 때문에 고생한 민심을 달랠 필요가 있었다. 그는 왕이 된 직후 백성들에게 세 가지를 약속했다. 아래와 같은 '약법삼장'을 실천해 더욱 정의롭고 국민이 편안한 나라를 만들려고 했다.

'約法三章': "살인자는 사형시키고, 상해를 범한 자와 도적질한 자는 단죄한다. 이 3개 법을 제외한 다른 모든 법률과 금령을 철폐한다."

초한 전쟁은 그로부터 2000년 후인 20세기와 21세기의 중국 정치판과 장기판, 문학작품에서 끊임없이 지속되고 있다. 1928년부터 시작한 중공의 혁명 전쟁 때 마오쩌둥의 공산당 군이 적용한 '3개 기율' 및 '8항주의'와 2012년 시진핑 중공 총서기가 제시한 '8항규정'은 아래 〈표-8〉와 같이 '약법삼장'의 재판이고 삼판이었다.

〈표-8〉 약법삼장과 8항주의, 8항규정 요지

유방의 약법삼장	마오쩌둥의 3개기율/8항주의	시진핑의 8항규정/100대 기율
① 사람을 죽인 자는 처형 ② 타인 상해 입힌 자 단죄 ③ 남의 물건 도적질 단죄	① 지휘관의 명령에 복종 ② 인민 것은 바늘 하나 실 한 올 취하지 말 것 ③ 얻어낸 것은 공동 분배	①-③ 3공 (접대·관용차·출장) 경비 축소, ④ 회의 시간 단축, ⑤ 수행원 축소, ⑥ 서류 간소화, ⑦ 관사 축소, ⑧ 교통비 등 적정화
* 위 3장을 제외한 다른 모든 법률·금령 철폐	8항주의: 온화한 말 사용, 매매는 공평하게, 빌린 것은 반환, 손해는 배상 등	100대 기율: 정치·조직·청렴·군중(비당원)·업무·생활상의 기율 규정

* 출처: 관련 자료를 종합 정리함.

1921년 출범한 중국공산당은 처음부터 기율이 엄격했다. 대표적인 것이 마오쩌둥이 1928년에 만든 3대기율(三大紀律)과 8항주의(八項注意)다. 혁명 전쟁 중 이 규칙을 어긴 당원은 즉각 처형되었다. 처벌은 가혹했지만 효과는 뛰어났다. 군율이 엄격했던 마오쩌둥의 군대는 농민들의 적극적인 지지를 받을 수 있었다. 부족한 병사의 충원도 용이했다.

일본 패망 이후 1946년부터 시작한 최후의 국공내전 때 3대기율과 8항주의는 큰 위력을 발했다. 공산당 군은 미국이 지원한 국민당

군의 무기도 쉽게 가질 수 있었다. 결정적인 동북지역 전투에서 민심과 군심을 얻은 공산당 군이 승리한 것이다.

중국공산당은 과거의 엄격했던 기율을 큰 자랑으로 여겼다. 그런 중국이 급속히 세계의 공장·시장으로 발전하면서 부정부패가 만연했다. 국제사회에 중국은 '부패가 횡행하며, 뇌물이면 모든 게 통하는 나라'로 인식되었다. 부정부패는 공산당의 존립을 위태롭게 할 정도였다.

시진핑은 중국공산당 총서기에 등극한 바로 다음 날인 2012년 12월 4일, 당 정치국 회의에서 반부패 규정인 위의 '8항규정'을 통과시켰다. 공직 사회의 부패 행위를 척결해 청렴하고 올바른 업무 수행을 위한 것이었다. 시 주석은 이 기율 반포와 동시에 정풍운동을 단행해 부패한 당원들을 솎아냈다.

시행 5년 동안 26만2000여 명이 조사를 받고, 그중 14만5000여 명이 처벌받았다. 공직 기율은 날이 갈수록 엄격해졌다. 공직 사회는 물론 중국이 달라졌다. 2023년 시진핑 주석의 3연임 성공은 특히 그의 반부패 투쟁이 성공, 당심과 민심을 얻어서 가능한 일이었다.

동서고금을 막론하고 '민심은 천심(天心)'이었다. 미국과 패권전쟁 중인 시진핑의 핵심 대전략은 먼저 세계인들의 마음(心)을 얻는 것이다. 국제사회가 신뢰하고, 정당성이 있으며, 이익을 주는 중국이 전쟁 승리의 '첩경'이라고 생각하는 것이다.

다. 중국의 계속성, 민족 동질성 유지 요인

중국의 역사에서 '제국' 형태의 중국 정치는 기원전 221년 진시황 때부터 1911년 청나라 멸망 때까지 계속되었다. 수많은 이민족의 침략이나 내전에도 불구하고 2000년 이상 동아시아 중심국으로서 역할을 계속했다.

여기서 우리는 중국이라는 나라가 광활한 영토와 수많은 소수민족, 끊임없는 내쟁과 이민족의 위협·침략, 정복 속에서도 사라지지 않은 이유가 무엇인지 살펴보자.

중국이 오랫동안 통일성을 유지하게 된 요인을 살펴보면 대략 4개로 정리된다.

첫째, 중국이 지구 상의 동쪽, 다소 폐쇄적인 지역에 있다는 것이다. 중국은 3면이 대륙이고 1면이 바다다. 서북의 고원·사막과 서남의 고산준령, 동쪽의 넓은 바다는 상대적으로 안전한 생존 공간을 제공한다.[77]

둘째, 이런 지리적 환경 속에서 수많은 민족이 함께 생활하고 있다는 것이다. 중화민족은 화하족의 형성에서부터 한족을 중심으로 계속 확대·발전해 왔다. 한족과 이민족이 충돌·융합, 통일의 과정을 거쳐 소위 '중화민족대가정'을 이루어 왔다. 그 과정에서 여러 민

---

[77] 姜義華 主編, 『中華文化讀本』, 上海人民出版社, 2009, p.10

족은 한 지역에서 계속 싸우기보다 함께 조화와 통일(大一統)을 추구하며 살아가는 것이 더 현명한 것이었다.

셋째, 오랜 시간을 두고 형성·발전해 온 중화문화가 있었다는 것이다. 중화민족의 문화는 농업 문명과 왕권주의, 종법제도와 유가사상에 기본을 두고 있다. 중국은 국가를 유지·통치하기 위해 각종 이론을 발전시키고 제도를 만들었다. 인류가 겪을 수 있는 거의 모든 경험과 생각을 담은 사상과 철학도 생산해 냈다. 수천 년 동안 함께 사용해 온 한자 또한 중국인들의 응집력을 강화한 중요 요인이었다.

무엇보다, 중국은 서구처럼 특정 종교가 초래한 중세기를 겪지 않아 고전 문명이 단절되지 않았다. 중국에 종교가 있었다면 그것은 역사일 뿐, 특정 종교가 발호하거나 국교로 된 적이 없었다. 중국의 문화 구조는 유가(儒家)와 도가(道家)가 보완하고, 여기에 불가(佛家)가 진입하면서 상호 견제하고 융합하는 삼각 구도로 이루어졌다.

중국의 정치구조는 유가가 법가와 표리의 관계를 유지했으나, 병가도 나름의 한 부분을 맡았다. 중국문화라는 학궁(學宮: 아카데미, 학원) 안에 일가의 독패(獨覇)란 불가능할뿐더러 너 죽고 나 살자는 식의 싸움도 출현할 수 없었다. 원활하게 기복을 이루고 중용으로 조화를 따랐다. 때로 치우치거나 극단에 이르는 경우도 있었지만 결코

지속되지 않았다. 곧 중도로 되돌아왔다.[78]

이 같은 여러 요인은 중국이 끈질기게 역사를 잇고 제국의 계속성을 유지할 수 있게 한 요인들이었다. 제국이 계속 유지되는 과정에서 '중화민족의 다원적 통일성'은 자연스러운 추세가 되고 필연이 되었다. 중화민족의 문화 통일은 중국의 정치적 통일과 민족적 융합 과정에서 달성되고 촉진되었다.[79]

중국 한족 왕조의 보존과 현상 유지, 조화를 지향한 철학사상과 대외관계는 역사상 어떤 제국에서도 찾아볼 수 없는 것이다. 거대 인구를 가진 중국이 민족적 동질성을 유지하고 있다는 사실도 독특하다.

중국은 국가와 민족을 사실상 동일시한다. 중국인들은 자신들이 같은 민족(나는 중국인이다: 我是中國人)일 뿐 아니라 황제의 후손이라는 특별한 기원을 공유하고 있다고 생각한다.[80] 이 특성도 지금까지 중국의 지속성을 유지하게 한 중요한 요인이었다.

---

78 위치우이 지음·심규호, 유소영 옮김, 앞의 책, p.147
79 문대근, 앞의 책, pp.24~25
80 마틴 자크 지음·안세민 옮김, 『중국이 세계를 지배하면』, 부키, 2010, p.348

02

중국식 패권(중화질서)의 특색

가. 패자와 왕도정치

서구에서 패권은 그리스 도시국가 시대에 그 개념이 수립되었다. 중국에서는 비슷한 시기의 춘추시대(B.C. 722~453)에 그 인식이나 개념이 형성되었다. 춘추시대는 하·은·주 3대에 걸쳐 존속해 온 성읍국가 체제가 무너지고 잦은 전쟁과 겸병을 통해 영토 국가가 출현하기 시작한 때였다.[81]

중국의 봉건왕조 시대에 왕권은 절대적이었다. 무엇보다 높았다. 권력은 재산이고, 존엄이었다. 욕망의 성취이자 원하는 것을 마음대로 할 수 있는 모든 것이었다.[82] 반야만의 춘추시대에서는 강자가 약자를 병탄하는 것이 상식이었다. 다수가 소수를 폭압하는 것이 정의

---

81 중국에서 국가는 성읍국가 형태로 하대에 출현한 것으로 문헌에 기록되어 있다. 김한규, 앞의 책, p.54, p.67
82 렁청진 지음·이해원 옮김, 앞의 책, p.151

였다. 머리가 좋은 사람이 우둔한 사람을 속이는 것은 지혜였고, 소수의 귀족이 다수의 천한 사람을 무시하는 것이 질서였다.

중원에서 난립한 대소 제후국들은 서로 복잡한 항쟁과 회맹(會盟: 동맹)에 몰두했다. 그 과정에서 제후국 혹은 제후들 간의 회맹을 주도하는 맹주를 패자(霸者)라 불렀다. 그는 실력으로 제후들의 수장이 된 자였다.

중국의 고대에서도 패자가 되기 위해서는 일정한 자질과 역량을 갖춰야 했다. 가장 중요한 것은 '중국 황실을 중심으로 하는 천하를 운영하고 지켜낼 능력을 갖추었는가?'였다.

패자(패권)에 대한 논의는 춘추전국시대에 유가사상의 일환으로 전개되었다. 수천·수백 또는 10여 국이 난립하는 춘추시대에서 국제질서의 기본은 주례에서 유래하는 '사대(事大)·자소(字小) 하는 것'이었다.

춘추전국시대의 가장 큰 이상은 대국은 소국을 보호하고, 소국은 대국을 섬겨서, 중원의 국제사회에 안정된 질서를 수립하는 것이었다. 사대는 보국을 위한 당연한 '도(道)'로 보았다.

고대 중국인들의 패권 인식에는 당시의 독특한 문화 풍토도 작용했다. 광대한 영토와 풍부한 자원에 수많은 인구를 가진 중국은 시종 자급자족 사회였다. 그리스와 달리 외국 침략을 통해 노예와 자원을 수탈하고, 상품 시장을 개척할 필요가 없었다. 문화의 근간인 유학은 '어떻게 수신제가하고 치국평천하(修身齊家治國平天下)할 것인가?'라는 문제에 천착했다.

공자는 도에 기초한 치국을 주장했다. 그는 천하대란의 원인이 예악의 붕괴에 있다고 판단, 문제의 해법을 고대의 통치학에서 찾았다. 군자로서 인애의 마음에 근본을 두고, 질서와 신뢰, 관용을 지닌 예악의 나라를 중건코자 했다.

공자의 후세로 명성을 떨친 묵자는 천하의 혼란은 새나 짐승들이 뒤섞인 것과 같다고 보았다. 그는 차별을 두지 않고 사람들을 평등하게 사랑하는 것(兼愛)이 모든 것의 근본이라고 주장했다. 이웃 나라를 공격해서는 안 된다고 주장했다.

맹자는 백성에 대한 통치자의 의무를 강조하며 "인(仁)으로 일을 처리해야 천하를 얻을 수 있고, 천하를 지킬 수 있다"고 주장했다. 그는 왕이 추구해야 할 정치는 이익을 내세워 전횡을 일삼는 패도정치가 아니라 도덕주의에 입각한 왕도정치라 했다.[83]

중화질서의 패권정치는 왕도정치

중화질서에서 중국이 추구한 패권정치는 왕도정치였다. 중국에서

---

83 김한규, 앞의 책, pp.68~69

요·순(堯舜) 시대 이후 공자·맹자 등 유가 사대부들이 추구한 이상적인 정치는 태평성대를 구가하는 왕도정치였다.

맹자는 당대의 군주들이 부강만을 앞세워 민중에 대한 학정을 일삼고 있는 현실을 비판했다. 공자가 주장한 인정(仁政)을 근거로 왕도정치를 주장했다.[84] 왕도정치는 유교사상이 추구하는 이상적인 정치를 의미했다. 이와 대비되는 패도정치는 '힘에 의한 정치'였다.

중국 역사에서 패도를 추구한 왕조는 오래가지 못했다. 진나라와 원나라가 대표적이다. 고조선을 멸망시킨 한나라 초기에는 패권적이고 제국주의적인 행태가 표출되기도 했다. 반면 왕도를 추구한 나라는 자국은 물론 주변국 모두 평화와 발전을 이뤘다. 당나라와 명나라가 대표적이다.[85]

왕도가 달성하고자 한 목표는 '대동사회'였다. 중국을 지배해 온 유가사상의 최종 목적이었던 대동사회는 온 누리가 번영해 두루 화평함을 의미한다. 유교는 민본과 평등, 겸애를 주장했다.

유교 도덕의 기준에 따르면 천자(황제)는 하늘의 뜻을 실행해 인자(仁者)의 마음으로 만백성을 어루만져 기르는 것이었다. 유교의 왕도정치는 한(漢)나라 이후 중국과 주변국과의 관계가 제도화되면서 조공과 책봉이라는 독특한 외교 형태로 나타난다.

---

84 金谷治 외 지음·옮긴이 조성을, 앞의 책, 1996.
85 정덕구, 『한국을 보는 중국의 본심』, 중앙books, 2011, p.309

평화 질서의 근본은 화이부동

서구와 다른 중국식 통치나 패권을 이해하는 데 꼭 알아야 할 사자성어들이 있다. 수기치인(修己治人)과 수신제가(修身齊家), 화이부동(和而不同)이 그것이다.

수기치인은 선비나 위정자들이 갖추어야 할 덕목으로 자신의 몸과 마음을 닦은 후에 남을 다스리는 것을 의미한다. 여기서 다스린다(統治) 함은 백성 위에 군림하는 것이 아니라 백성들의 삶을 윤택하게 하고 풍속을 아름답게 만드는 교화의 의미를 담고 있었다.

비슷한 의미의 수신제가 치국평천하는 먼저 몸과 마음을 닦아 집안을 안정시킨 후에 나라를 다스리고, 천하를 태평케 해야 한다는 것이다. 이는 유교의 핵심 사상으로 유교가 실현하고자 하는 진리 구현의 방식이었다. 유교는 내세나 이상향을 추구하지 않았다. 자기 자신의 수양에 힘쓰며, 인간관계와 사회 질서를 조화롭게 유지하는 데 관심을 두었다. 나아가 천하를 이상적으로 다스리는 것을 목표로 삼았다. 공자는 이 원리의 근본을 인(仁)이라 했다.

정치적으로도 많이 사용하는 화이부동이란 신분이나 서로의 차이를 잊지 않는다는 말이다. 신분의 차이가 있어도 티를 내지 않고 잘 어울려 주되, 결코 신분이 같아지는 데까지 이르지 않는다는 말이다. 이는 인간 사회에는 자연의 원리처럼 신분 질서가 뚜렷이 존재한다는 것을 전제한 것이었다. 화이부동은 공자가 생각한 사회 평화의 바탕이었다. 공자는 모든 사람이 신분과 지위에 걸맞게 처신하도록 하는 것이 정치의 요체라고 보았다.

나. 중화질서의 실제: 기미부주, 조공책봉

중화질서의 형성

중국(中國)이란 명칭은 중국의 고대에 '중앙 왕국'을 의미했다. 중국인들은 자신들이 '세계의 중심 국가'이며, 세계 최고라는 '중화제국'으로서의 자부심을 갖고 있었다. 주변국에 대해서는 천하의 패자라는 인식을 견지하고 있었다.[86]

중국은 19세기 후반까지 동아시아 전체에 강력한 영향력을 행사했다. 정도의 차이는 있었지만, 역내의 모든 국가는 천자의 나라인 중국의 높은 지위를 인정하고 경의를 표했다. 중국의 영향력이 동아시아 전체에 미치면서 중국을 중심으로 하는 위계질서가 수립되었다.

전통시대 동아시아 질서는 중국의 천하 국가가 주도하는 중국 중심의 세계질서를 의미했다. 중화질서는 중국의 군주(天子)가 주변국들의 수장을 책봉(冊封)하고, 주변국 수장들이 중국의 군주에게 조공(朝貢: 때를 맞춰 예물을 바침)하고 회사(回賜: 답례 물품)를 받는 관계였다.

---

86 문대근, 앞의 책, 2009, pp.1~2

조공책봉관계는 참여하는 각국의 위상이 달라 다원적으로 운영되었다. 기본적으로는 사대·자소(事大·字小)하고, 화친·내속(和親·內屬)하는 관계에서 중국이 이민족을 느슨하게 관리·통제하는 형태였다.[87] 중국이 주도하는 공동의 정치적이고 경제적이며, 문화적인 역사 공동체였다.[88]

기미부주: 중국의 이민족 관리·통제 정책

일찍이 중국의 고대 주나라(B.C. 1046~771)에서는 제후국 간의 공존과 결속을 위한 교린지례(交隣之禮)가 있었다. 작은 나라는 큰 나라를 섬기고, 큰 나라는 작은 나라를 사랑해 주는 사대자소의 예(禮)가 그것이다. 교린은 제후가 정기적으로 그 지방의 생산물(方物)을 휴대하고, 직접 천자를 배알해 신하의 예를 행하며, 군신지의(君臣之義)를 밝히는 방식으로 진행되었다. 천자는 이를 통해 여러 제후를 통제하고 지배했다.

이 제도는 한족을 중심으로 한 중화사상을 기초로 주변의 이민족을 위무하고 포섭하는 외교정책으로 변했다. 결정적인 계기는 한 무제의 고조선 정벌과 한사군 설치·운영 등 군현제에 의한 세계 제국의 꿈이 큰 어려움에 직면하면서부터다. 그 많고 넓은 지역, 특히 먼

---

87 문대근, 위의 책, p.48; 김한규 지음, 앞의 책, pp.41~42, 181~220, 816~817 참조
88 김한규 지음, 위의 책, pp.41~42, 181~220, 816~817

지역에 직접 관리를 파견해 배타적으로 통치하는 군현제는 실효성이 없고 불가능한 것이었다.[89]

중국은 속국에 대한 직접 통치 과정에서 엄청난 경제력과 군사력이 소모되자 새로운 방식의 주변 외교정책을 고민한다. 한 무제 사후 그의 계승자들은 국력의 소모를 최소화하면서 제국의 안보·위엄을 지킬 수 있는 방안으로 '기미(羈縻)정책'을 고안했다.[90]

기미정책은 독특한 외교 원칙으로, 중국 중심의 세계질서 원리이자 중국이 이민족에 대응하는 전략이었다. 이민족 국가 고유의 풍속과 자치는 인정하되, 중국이 그 나라를 끌고 가는, 즉 이민족을 속박하고 얽어매 견제하는 것이었다. 실질적으로는 중국과 주변국이 독립적 관계를 유지하면서 공존하는 통치 방식이었다. 형식적으로는 책봉과 조공을 교환하는 차등 관계였다.

기미정책의 전형적인 형태는 당나라 초기에 볼 수 있다. 당 제국(618년~907년)은 자국이 통치하고 있는 주변의 이민족에 대한 정책으로 해당 지역에 기미부주를 설치·운영하는 것을 기본으로 삼았다. 기미부주 제도는 대체로 아래 〈표-9〉와 같이 6가지 특징을 가지고 있었다.

---

89 수도인 장안과 먼 동북방 또는 서남방 지역과의 거리는 대략 2300~2400km였다. 楊軍·王秋彬, 앞의 책, pp.98~99
90 기(羈)는 말의 굴레이고, 미(縻)는 소의 고삐를 의미하는 것으로, 소나 말의 고삐를 잡듯이 이적을 통제한다는 뜻이다.

〈표-9〉 기미부주제도의 요지·특징

구분	내용 요지
① 기미부주 설치	복속 희망 집단의 규모에 상응하는 도독부·군·현을 설치
② 부주 자치 인정	이민족의 수장을 책봉·임명하고, 자치권·세습권을 인정
③ 부주는 신례· 조공, 당은 안전 보장	부주는 당에 정기 신례하고 조공, 당은 부주의 안전을 보장
④ 부주는 군 보유, 당 요청 시 출병	부주는 군대 보유권을 소유, 당 제국의 요구 시 출병할 의무
⑤ 조공품과 하사품 상호 교환	부주는 중국의 내지와 통상과 변경 무역권 소유, 당은 물품 하사
⑥ 당은 자국 관리 파견·감시	당 제국은 기미부주에 자국의 관리를 파견해 감시

* 출처: 김한규 지음, 『天下國家 – 전통시대 동아시아 세계질서』, 소나무, 2005, p.181~220 참조

당 제국은 '사이(四夷: 사방의 이민족 오랑캐)가 행복하고 온 나라가 안정되어 평안한 것'을 이상적인 천하질서로 보았다. 기미부주제도는 바로 이를 실현하는 수단이었다. 당은 기미부주 지역을 중국의 일부분으로 간주한 적이 없었다. 시종 직접 통치하는 방식을 피하고 간접적인 기미정책을 취했다.

기미정책은 중국의 역대 왕조가 다른 민족 국가를 독립국으로 인정할 수 없고, 직할령으로 만들 수도 없는 여건에서 취해진 정책 수단이었다. 중국은 탄력적인 기미부주 질서를 통해 제국의 건립·유지라는 이상을 포기하지 않고, 국력 소모를 최소화하며 장수할 수 있었다.

조공책봉관계: 동아시아 국제관계의 틀, 윤리 질서

기미부주관계의 연장선에 있는 조공책봉관계는 중화사상을 기초로 주변 이민족을 위무하고 포섭하는 외교정책이었다. 동아시아에서 중국과 다른 나라와의 관계는 기본적으로 이 제도하에서 이루어졌다. 당나라 이후 청조 말까지 동아시아 국제정치체제의 바탕을 이루는 기제로 작동했다.

조공책봉관계는 기미부주제도를 더 정교하게 다듬은 것이었다. 이 제도하에서 중국과 주변국과의 관계는 중국 황제가 조공국 지배자를 왕으로 '책봉'하고[91], 중국의 역(歷: 연호)을 사용케 했다. 주변의 이민족이나 국가는 자국이 중국의 속국(신하)임을 자처하고, 정례적으로 조공하고, 중국을 공경한다는 뜻을 표시했다.

오늘날의 국제법이나 국제관례, 또는 관습법이라고 할 수 있는 소공책봉 제도는 당시 동아시아 국제관계를 규정하는 틀이나 규칙 같

---

91 조선의 경우 책봉의 대상은 일반적으로 국왕·왕비·세자·세자빈이었다.

은 것이었다.[92] 이 틀과 규칙을 벗어나거나 거부·위반하면 어김없이 중국에 의한 전쟁·간섭이 있었다.

임진왜란 시 중국에 충직했던 조선은 명나라의 원군을 얻어 사직을 연명했다. 중국에 대항한 고구려는 수와 당의 집요한 공격을 받아 결국 멸망했다.[93] 중국과의 정식 왕래와 교류를 원하는 모든 주변국은 의례적이고 형식적으로라도 군신관계를 받아들여야 했다.

조공관계의 위계적 성격과 함께 또 다른 특징으로는 이 제도가 예(禮)와 의리, 도리와 명분을 중시한 동아시아 유교문명권의 윤리 질서였다는 것이다. 이에 따라 중국과 조공국, 황제와 국왕은 정치적으로는 군신관계이지만 윤리적으로는 부자관계로 간주되었다.

황제는 조공국들에 대해서도 예로 위무하고, 덕으로 편안케 하며, 중국문명의 '은택'을 널리 베풀고 교화시키는 일을 큰 덕목으로 삼았다. 조공국들은 당연히 이를 따르고 순종하며, 황제의 우월성과 존엄성을 받아들여야 한다고 여겼다.

중국은 무력에 의한 정복보다는 도덕적 교화를 통해 만방의 협화(協和)를 추구했다. 정치·군사적 정복이나 지배, 또는 경제적 수탈이나 착취를 주목적으로 하지 않았다. 소극적·방어적이고 현상유지적

---

92 우리나라와 중국과의 조공관계는 4세기 이후 삼국 시대부터 성립되었다. 『삼국사기』에 의하면 32년(고구려 대무신왕 15)에 후한으로 사신을 보내어 조공을 바치니 후한의 광무제(光武帝)가 왕호를 회복시켜 주었다는 기록이 있다.
93 김한규, 『요동사』, 문학과지성사, 2004, p.614

인 화평과 무사를 선호했던 것이다.[94]

한편, 조공관계는 변방에 비우호적이거나 도전적인 세력이 출현하는 것을 방지하려는 중국의 전통적 사고를 반영한 것이었다. 주변 이민족에 대한 정치·군사적 통제 비용을 줄이는 지배의 한 방법이자 방어의 한 형식이었다. 주변의 조공국들이 중국의 안전벨트 기능을 수행하도록 해 자국의 안전과 위신을 유지하려는 공존체제였던 것이다.

조공책봉은 국제관계에서 외교 형식

조공국들은 중화질서에 참여하지 않으면 생존이 어려운 실정에서 중국과의 관계에 만족하거나 당연시하는 경향이 있었다. 유교적인 명분에서든, 정치·군사적 또는 경제·문화적인 이유에서든, 중국과 조공관계를 수립하고 유지하는 데 자발적이었다. 때로는 적극적이기도 했다.

우선, 조공국들이 중화질서에 참여하면 독립성을 유지하며 중국과 평화롭게 지낼 수 있었다. 중국은 순응하는 조공국에 무력을 사용하지 않았다. 조공국이 외부로부터 침략을 받을 때는 군대를 동원해 조공관계를 수호하고자 했다. 조공국의 왕들은 조공의 대가로 책봉을 받으면, 이를 자국 내의 권위와 국제관계에서의 위상 제고에

---

94 최영진, 『동아시아 국제관계사』, 지식산업사, 1996, pp.47~54

활용할 수 있었다.

경제적으로는 조공 무역을 통해 앞서가는 중국의 문물을 받아들일 수 있었다. 조공물보다 많은 물품을 회사 받음으로써 경제적 이득도 취할 수 있었다. 조공제도는 중국을 중심으로 한 물류·교역이라는 경제 행위가 이루어지는 통로이기도 했다.[95] 문화적으로도 중국에 가는 사람들은 중국 문물을 접하고 서적을 구입했다. 중국에서는 유럽 지역의 학술과 문물도 접할 수가 있었다.

사대자소의 조공책봉관계는 불평등한 관계였다. 그러나 지배·종속 관계 혹은 착취적이고 침투적인 질서는 아니었다. 약소국의 자율성을 전제로 예와 함께 조공국의 실리가 중시된 동아시아의 국제규범이자 제도였다. 중국의 군주가 주변국 수장들을 책봉함으로써 중국과 주변 국가들이 하나의 유기적 세계를 구성할 수 있었다. 조공국은 반대급부로 회사를 받음으로써 공동의 경제적·문화적 권역도 형성할 수 있었다.[96]

이렇듯 조공책봉관계는 주변 국가와 중국이 맺는 불가피한 외교 행위이자 외교관계의 한 형식이었다. 이 제도가 역사상 유례가 없이 2000년 이상 유지된 이유가 여기 있다.

---

95 魏志江, 『中朝關係史硏究』, 中山大學出版社, 2006, p.29
96 김한규 지음, 『天下國家 – 전통시대 동아시아 세계질서』, 소나무, 2005, p.817

조공책봉관계는 보편적 위계질서

전통시대 한반도 국가와 중국 간의 조공책봉관계는 고구려 시대부터 시작돼 중국 청나라가 망할 때까지 유지되었다. 한·중 조공책봉관계는 우여곡절을 겪으며 이 제도의 시작과 종말을 같이 한 전형이었다. 한국의 전통 국가에게 이 제도는 다소 혼란스러운 건국 초창기나 새로운 왕의 취임 시에 평화와 안정을 확보해 주는 든든한 기제였다.

한국은 조공책봉관계 속에서 중화제국보다 훨씬 더 길고 더 안정적인 왕조의 지속성을 확보할 수 있었다. 518년 조선왕조보다 더 장수한 중화제국은 없었다. 결국, 사대주의는 명분과 이데올로기를 넘어 사실상의 현실주의적인 사대 기술 또는 사대 지혜에 가까웠다. 일부 굴욕과 자존의 훼손이 있었음은 물론이다.[97]

이 같은 체제는 전통시대 한·중 관계를 넘어 현대의 한·미 관계에서도 작동하는 한국 고유의 생존 방식이기도 하다. 중국적 세계관에 따른 조공책봉관계는 동아시아 유교문화권에서만 존재한 독특한 제도라고 할 수 있다. 하지만 중국 중심의 조공책봉관계나 제도 같은 기제는 중화문명권에만 있었던 것은 아니다.

유사한 제도나 국제관계의 유형은 '힘의 정치'가 작동하는 국제관계에서는 동서고금을 막론하고 존재했다. 동아시아에서 고구려가 강성

---

97 박명림, "통일과 평화 –한국문제의 역사와 현실", 네이버 열린연단 자료, 2015, pp.9~19, https://blog.naver.com/dynamic-korea/222816121676(2023. 5. 11. 검색)

할 때는 고구려와 주변의 여러 민족이 조공관계를 유지했다. 백제와 왜, 조선과 왜구(쓰시마 등) 간에도 조공관계가 유지된 적이 있다.

유럽의 역사도 예외가 아니다. 델로스동맹의 맹주인 그리스 아테네와 동맹국들 간의 관계, 로마동맹에서 로마와 갈리아와의 관계, 14~15세기 영국·프랑스·스페인·오스트리아 등이 참여한 결혼동맹 참여국 간의 관계, 현대의 영국과 영연방 국가 간의 관계도 특수한 외교의 한 형식이었다.

조금 넓은 의미로 확대 해석해 보면 세계 패권을 주도하는 미국과 일반 국가와의 관계도 유사한 면이 없지 않다. 외교 업무를 담당하는 부처를 '국무부'로 부르는 미국의 글로벌 민족주의는 미국과 세계의 경계선을 인정하지 않겠다는 의지의 소산이다. 이는 외교 업무를 '예부'에서 담당케 한 중화주의와 같은 맥락이다.

강대국의 민족적 우월 의식과 국가적 예외주의는 어디에서나 존재한다. 20세기 중반 이후, 만약 지구 상의 어떤 국가가 평화롭게 경제발전을 이루고자 한다면 반드시 미국 중심의 국제정치 질서와 무역금융 질서를 수용해야 했다. 미국이 주도하는 세계체제, 즉 국제무역체제(WTO) 및 분업 체계에 들어가지 않으면 안 되는 것이었다.

냉전시대는 물론 탈냉전시대에서도 사회주의 국가들의 경제적 저발전이나 체제의 붕괴·고사는 패권국인 미국의 가치나 질서를 따르지 않은 결과였다.[98] '힘의 정치'가 지배하는 국제사회에서는 평화를 위해서도 일부 위계적 질서는 불가피한 것으로 간주되었다.

다. 전통적 중화질서의 특징

중국의 역사와 DNA에는 패권이 없다

중국은 식민지를 지배한 경험이 없다. 영토를 확장하는 야망을 내비친 적도 없었다. 역외의 국가를 침략하지도 않았다. 왕도정치를 선호하며 대동사회를 지향했다. 중국 역사의 어느 왕조도 세계 패권을 추구한 적이 없다.

전통시대 중화제국의 질서는 서구 제국과는 다른 방식이자 모델이었다. 서구 제국의 패권보다는 덜 공격적이고 탈식민적이었다. 패권과 패도, 패권주의와 제국주의를 반대했다. 권위주의적인 유교 전통에 입각해 도덕과 윤리를 강조했다.

유교사상 체계 위에 수립

중화질서 혹은 천하질서 등으로 지칭돼 온 동아시아 지역의 질서는 유교적 사상체계 위에 수립되었다. 유교적 사유체계는 현세적이

---

98 서재진 외, 『세계체제이론으로 본 북한의 미래』, 황금알, 2004. 참조

다. 중국인들은 오랜 기간의 고단한 역사와 삶 속에서 인간의 문제에 관심을 두었다. 내세보다 현세적인 안정과 풍요를 중시했다.[99]

중화질서에서 가장 근본적인 문제는 수기(윤리)와 치인(정치) 간의 조화로운 통일, 즉 정치의 윤리적인 승화를 현실 세계에 구현하는 것이었다.

다양한 공동체 간의 상호 균형과 순환적 조화를 강조한 중화질서에서 외교 업무는 대외 업무 부서가 아닌 예부(禮部)에서 담당했다. 중국의 황제는 온 누리 천하의 만백성을 어루만져 편안케 하는 천자였기 때문이다. 중국은 덕치나 예치 등 왕도정치의 보편적 통치 이념들을 추구했다.

정복·약탈·팽창 불추구

로마인에게 국경 밖 북쪽에는 성가신 헝가리 등의 여러 종족이 있었다. 중국인에게도 귀찮은 서북방 초원의 여러 이민족이 있었다. 그러나 중국이 흉노족, 몽골족, 돌궐족 등을 정벌해도 크게 얻을 것이 없었다. 그들과의 통상교역이 반드시 필요한 것도 아니었다.

몽골의 건조한 평원은 농작에 적합하지 않았다. 국고 수입의 기초를 이루고 있던 지조(地租)를 취하는 데 유리한 토지가 아니었다. 북방지역 원정은 많은 자금이 필요했으나 상응하는 수확이나 결과를

---

99 이세기, 『李世基의 중국관계 20년』, 중앙books, 2012, pp.254~255

기대할 수 없었던 것이다. 이 때문에 중국의 어느 한족 왕조도 북방 정벌을 적극적으로 시도하지 않았다.

중화제국이 침략·약탈을 위한 팽창을 추구하지 않은 데는 또 다른 이유들이 있었다. 우선, 중용·자족을 강조한 유교와 도교는 주변국에 대한 공격적 수탈을 허용하지 않았다. 상업적 이득을 멸시하는 가치 체계도 경제 이득을 위한 주변국 침략을 허용하지 않았다. 철저한 문민 우위 정책은 군국주의의 발호를 용납하지도 않았다. 항해술은 물론 목축도 발달하지 않았던 중국은 농업에 의지하면서 음과 양, 인간과 인간, 인간과 자연과의 조화를 강조했다.

이 같은 환경 속에서 전통시대의 중국은 서양과 같은 투쟁이나 팽창이 아닌 자기 보존과 조화를 염두에 둔 현상 유지를 추구했다. 때로 주변국에 오만하고 위협적이기도 했지만, 대외정책의 기조는 주변국을 기미로 묶어 관리·통제하는 것이었다.

패권과 패권주의에 반대

침략과 약탈, 팽창을 특징으로 하는 서구 제국의 패권과 달리 영토에 대한 중국 황제의 관심은 대륙 안에 국한되었다. 명나라에서는 바다에 나가는 것을 금지하는 해금정책(海禁政策)을 시행했다.

해외 무역은 물론 대륙을 벗어나는 일(渡航)조차 금지했다. 자국 해안선 밖에 있는 나라에는 관심조차 없었다. 중국과 주변 민족들

간의 경계는 정치적 영토 표시가 아니라 문화적 차원의 구별이었다.

　근·현대의 중국에서도 전통시대의 관련 인식과 전통이 유지되었다. 100여 년 전인 1921년 상해에서 창립된 중국공산당은 처음부터 반패권·반제국주의 등을 주요 이념과 최고 목표로 삼았다. 1949년 창립한 신중국의 역대 정부는 평화공존과 평화발전, 화해세계, 신형대국관계와 신형국제관계, 인류운명공동체론을 주장했다.

　패권에 대한 인식과 전략도 전통시대와 크게 다르지 않다. 중국에서 패권이란 말은 냉전시대에 군사력으로 세계를 지배하려는 미국과 소련의 제국주의적 대외정책을 비난하면서 나왔다. 패권은 처음부터 '무력으로 천하를 다스리는 자의 권력'이라는 부정적인 의미로 사용되었다. 이 용어는 소련의 체코슬로바키아 침공을 비난한 1968년 8월 신화사통신의 보도에서 처음 사용했다.

　그 후 1972년 2월 미중 공동성명(상하이 공동성명)과 그해 9월 중일 수교 공동성명은 양국이 "패권을 추구하지 않으며, 패권을 확립하려는 여하한 국가의 시도에도 반대한다"는 내용을 담았다. 1975년 1월 개정된 중국의 헌법은 "초강대국의 패권주의에 반대해야 한다"고 규정했다.

　이 같은 역사와 함께 그동안 중국 최고지도자들의 관련 발언을 보면 중국이 패권을 추구할 의사가 없음을 확인할 수 있다. 신중국을 수립한 마오쩌둥은 "대동사회를 추구하는 중국은 패권을 추구할 수 없을 것"이라고 말했다.[100] 덩샤오핑은 1992년 남순강화에서 "중국은 세계를 향해 패권주의에 반대하고, 강권정치에 반대하며, 영원히 패권을 추구하지 않을 것"이라고 강조했다.

시진핑의 중국이 꿈꾸는 세계는 '인류문명공동체론', 즉 공동운명체인 인류가 평화롭고 조화롭게 잘 살아가는 세상이다. 시진핑 주석은 〈표-10〉에서 보는 바와 같이 기회가 있을 때마다 세계를 향해 자국이 패권을 추구하지 않을 것을 역설했다.

〈표-10〉 시진핑 주석의 패권 관련 발언

계기 시기	발언 내용
2019년 건국 70주년 기념사	- 중국의 발전은 어느 국가에도 위협이 되지 않을 것임. 어떤 발전 단계에 도달하든, 중국은 영원히 패권을 추구하지 않을 것임. - 중국 인민은 타국 인민을 괴롭히거나 압박하거나 노예로 부린 적이 없음. 과거에도 없었고, 현재에도 그렇지 않으며, 장래에도 그렇지 않을 것임.
2021년 중공 100주년 담화	- 중화민족의 피에는 타인을 침략하고 패권을 칭하는 유전자가 있지 않음. - 일어난 중화민족이 억압·굴욕을 당하는 시대를 다시는 오지 않을 것임.

---

100 헨리 키신저 지음·권기대 옮김, 앞의 책, p.305

	– 중국을 괴롭히는 세력은 14억 인민이 피와 살로 만든 강철 만리장성에 머리를 부딪혀 피가 날 것임. – 역사를 거울로 삼아 미래를 개창해 인류운명공동체의 구축을 끊임없이 추동해야 함.
2022년 보아오 아시아 포럼 개막식 기조연설	– 중국은 시종일관하게 평화발전의 길을 걸으며 세계 평화의 건설자, 글로벌 발전의 공헌자, 국제질서의 수호자가 될 것임. – 진정한 다자주의를 수호하고 유엔을 핵심으로 하는 국제체제와 국제법을 기반으로 하는 국제질서를 굳건히 수호해야 함.

* 출처: 관련 보도자료 등을 취합해 정리함.

중국의 약속을 믿어도 될까

이렇듯 중국은 패권국이 되고자 하는 의지가 없고, 될 수 있는 능력이 부족하다. 아직 세계인들을 사로잡을 매력도 많지 않다. 무엇보다 '실사구시(實事求是)'하는 중국이 패권을 잡을 리 없다.

중국인들은 돈 버는 것을 지고의 선으로 생각한다. 중국어 '성의(生意: 삶의 의지)'의 의미는 돈을 번다는 것이다. 중국인들의 최고의 신년 인사는 빠차이(發財: 부디 부자 되세요!)이다.

역사를 종교처럼 대하는 중국은 '역사를 거울삼아 미래를 개창'하고자 한다. 역사의 뿌리에 패권 DNA가 없는 중국은 미국이 추구했던 것과 같은 세계 패권은 추구하지 않을 것이 분명하다. 현실적으로도 패권은 잡을 가치나 이유가 없다.

중국몽(中國夢)은 내부적으로는 모든 백성이 다 같이 행복하게 잘

사는 대동사회다. 대외적으로는 100년의 치욕과 비애를 바로잡고 민족을 부흥시켜 더 이상 패권 강대국에 당하지 않는 나라가 되는 것이다. 유엔을 중심으로 각 지역이 협력하는 다자주의와 공정한 국제질서를 건설하는 것이다.

그럼에도 국제사회의 의구심은 여전하다. 힘이 커지면 생각이 바뀌는 게 인지상정이고, 이상과 현실은 다르기 때문이다. 또 중화제국은 2000년 이상 위계적이고 자기중심적인 질서관으로 타국와의 관계를 규정했던 나라다. 역사에서 패권의 독재와 부패, 제국화는 필연이었다. 그래서 세상은 공산당 일당 독재 국가인 중국이 G1으로 부상한 후 패권주의와 제국주의 가능성을 우려하는 것이다.

특히, 과거 중국의 제국화 과정에서 수난을 당한 한반도 국가의 생각은 남다르다. 중국이 재현하고자 하는 강력한 한나라와 융성한 당나라(强漢·盛唐)는 한민족의 시조국인 고조선과 융성했던 고구려를 멸망시켰다. 향후 중국이 추구할 이상과 현실이 궁금할 수밖에 없는 것이다.

제5부

세계 패권의 속성과 조건

01

패권 의미의 변천

지난 300년 동안 지구촌은 서구 중심의 세계에서 살아왔다. 근대화란 곧 서구화를 의미했다. 대부분의 나라는 서구식 가치관과 보편주의를 추구했다. 국제정치에서 패권 관련 이론과 가치 또한 그동안 세계질서를 주도한 서구와 미국의 것이었다.

'패권'은 국제정치에서 군사적 힘이나 경제력으로 다른 나라를 지배하고 자국의 세력을 넓히는 기세를 말한다. 패권은 자국이 의도한 목적을 성취할 수 있는 능력이다. '패권국'이란 힘이 강대해 자국이 주도하는 국제체제 속의 국가들을 지배하는 유일한 강대국이다.[101]

지역 패권에 의한 평화를 의미하는 '팍스'는 중심 국가의 지배에 의해 주변 국가가 평화를 유지한다는 것을 의미한다. 팍스로마나, 팍스몽골리카, 팍스브리타니카, 팍스시니카, 팍스아메리카나 등이 그것이다.

---

101 폴 케네디 저·이일주 역, 앞의 책, pp.86~87

이 개념에 따르면 미국의 팍스아메리카나적인 패권은 불과 20~30년(1950년대~1970년대)도 되지 않는다. 베트남 전쟁(1960~1975) 이후 미국은 세계 각 지역의 분쟁에 개입하는 등 제국주의적인 길로 갔다.

서구에서 패권이란 말은 기원전 6세기경 그리스의 도시국가 시대를 넘어서면서부터 사용되기 시작했다. 이후 세월의 흐름에 따라 변화·발전해 왔다.

고대 그리스·로마 시대의 패권

패권(hegemony)의 어원인 그리스어 헤게모니아(hegemonia)는 페르시아를 물리친 그리스의 도시국가 연합 동맹의 맹주가 갖는 권위를 가리켰다. 이 시대의 패권 개념은 어떤 집단을 주도할 수 있는 권력이나 지위, 영향력을 지칭했다.

아직 국가다운 국가가 형성되지 않은 고대 시기에는 맹주의 권위와 동맹국들의 동의에 의한 지배가 강조되었다. 역내 도시국가 간의 국제 관계나 패권에 대한 어떤 개념이나 규칙도 형성될 수 없었던 것이다.

그리스 아테네가 멜로스동맹의 맹주에서 '제국'의 지배권력으로 변신하면서 자제와 타협, 동의가 아닌 강압과 굴복을 추구했다. 모든 동맹국은 아테네의 예속자, 즉 속주로 전락했다. 서구 최초의 패권국이라고 할 수 있는 아테네 제국의 패권 행사는 다분히 패권주의적이고 제국주의적이었다.

국가다운 국가는 마케도니아 시대에 수립된다. 국제사회도 이때부터 존재하게 되었다. 마케도니아의 알렉산더 대왕(B.C. 356~323)은 불멸의 존재가 되어 유럽 최초로 국가다운 국가, 제국다운 제국을 건설했다. 대제국을 건설한 알렉산더의 꿈은 '세계 시민들이 모두 평등한 자격으로 조화롭게 사는 도시를 건설하는 것'이었다.

그는 침략적 파괴를 지양하고 포용과 문화의 융합을 추구했다. 강제력에 의한 복종과 희생을 강요하기보다 경제이익 분배를 통한 자발적 동의를 중시했다. 그의 원대한 꿈은 당대에는 실현하지 못하고 로마의 팍스로마나 시기에 일부 실현되었다.

지중해 세계를 정복한 로마는 곧바로 패권 제국으로 성장했다. 로마 시대의 패권은 그리스 시대보다 한 발 더 진보했다. 패권은 군사력만이 아닌 선진 로마문명과 전통을 앞세운 문화적이고 도덕적인 시민적 우위를 의미했다. 로마제국은 그리스의 아테네와 달리 포용과 개방, 동화와 동맹 정책으로 내외부의 갈등·대립을 최소화했다. 지속적인 혁신은 천 년의 왕국, 또 500년 동안의 패권을 유지할 수 있었던 동력이었다.

16세기~20세기 중반의 패권

16세기는 '지리상의 발견'으로 대항해 시대가 열린 후 자본주의 시대가 시작된 시기이다. 이때부터 20세기 중반까지 유럽 국가들 간의 제국주의 경쟁은 점차 세계적 차원으로 넓어졌다. 스페인, 프랑스, 영국 등이 세계 각지에 식민지를 경영하면서 대규모 이주가 이루어졌다. 식민지는 자연 자원과 노예·노동력의 수탈, 잉여 생산물의 판매 시장, 제국 자본의 투자처였다.

식민지 쟁탈 과정에서 유럽인들의 내면에 자리 잡게 된 잔학과 착취, 무자비한 살육과 강탈은 곧 또 다른 제국주의 개념으로 자리 잡았다. 지금 영국과 프랑스, 독일의 박물관에 전시된 서구의 제국주의는 그 본성이 침략적이고 약탈적임을 보여준다. 고대 서구 패권의 원형(DNA)를 이어받은 서구 제국들은 자신들의 대외 침략과 수탈을 자유이고 정의이며, 신의 섭리라고 생각했다.

이때까지만 해도 군사력으로 타지역 국가를 정복해 식민지화하는 것이 비용 측면에서 더 저렴했다. 상업적 교환으로 얻을 수 있는 이익을 위해 필요한 무역 질서를 만들거나 경제적 시스템을 발전시킬 필요가 없었다.

국제관계에서 교류협력과 상호 의존성이 증대되면서 경제의 중요성이 강조되었다. 완전한 패권은 정치·군사적 힘은 물론 생산과 상업, 금융 등 경제적 힘을 요구했다. '공격적인 군사력'보다 '경제적 자원'이 더 중요해진 것이다.

서구 제국주의 시대의 패권은 그 범위가 지구촌 곳곳에 영향을 미쳤다. 경제의 중요성을 인식했지만 강대국의 패권 장악과 행사 과정에서는 여전히 야만적인 강압과 쟁탈, 수탈이 지배했다. 이때부터 패권은 곧 제국과 제국주의를 의미하는 부정적인 것이 된다.

현대적 의미의 패권

현대적 의미의 패권이 형성된 시기는 19세기 대영제국시대이다. 영국은 제국주의 식민지 체제를 구축해 국제질서를 유지하며, 자국의 선진문명을 세계 각지에 전파했다. 파운드화를 결제 수단으로 세계 자유무역체제를 운영하며 각 지역에 자국의 시장을 개척했다.

대영제국은 세계 최초로 진정한 의미의 패권국가였다. 지구촌에서 해가 지지 않는 나라가 되었다. 로마제국과 같이 지나친 팽창이 화를 불렀다. 영국은 1915년 독일과 전쟁을 시작한 1차 세계대전에서 몰락하고, 2차 대전 중에는 미국에 패권을 넘겨야 했다.

미국은 성숙한 민주주의 국가로서 군사 제국주의의 목적을 부정하며 출발한 최초의 패권국이었다. 테일러시스템과 포드주의 등의 기술 혁신과 대량생산 체제를 구축해 경제를 획기적으로 발전시켰다. 영국이 역량 부족으로 실패한 국제주의적인 대외정책을 구사하면서 자국 중심의 세계 패권체제를 수립해 나갔다.

초기 미국식 패권은 스페인·영국 등과 달리 강제와 동의가 균형을 이룬다. 미국은 자국이 주도하는 세계체제에 순응하는 국가에게는 기술 이전과 경제 원조, 시장 제공 등을 통해 경제발전을 도왔다. UN을 비롯한 각종 국제기구를 통해 세계의 평화·안정을 유지했다. 자유무역과 항행의 자유 등의 공공재도 제공했다. 소련·중국·북한 등 사회주의 국가들에게는 물리력을 동원해 봉쇄하고, 세계체제에서 배제했다.

탈냉전 이전까지의 미국은 대체로 현대적 의미의 패권을 구현하는 모습을 보였다. 현대적 의미의 패권은 군사적·경제적 힘을 바탕으로 한 지역적·세계적 영향력과 지배력을 의미한다. 이는 무력으로 자국의 지배권을 확장하는 제국·제국주의 개념과는 다른 것이었다.

1990년 소련 붕괴 이후 미국이 초강대국이 되면서 세계정치에서는 패권적 힘과 함께 문화와 가치, 규범을 통한 리더십이 강조되었다. 세계적 리더십은 세계를 향해 지정학적 질서와 안보를 제공하는 역할을 하는 국가를 의미했다. 미국은 지구적 질서를 강제할 물질적 능력과 이데올로기적인 메시지, 새로운 의제와 제도를 갖춘 유일한 나라였다.[102]

---

[102] 미야자키 마사카츠 저·박연정 역, 『세상에서 가장 쉬운 패권 쟁탈의 세계사』, 위즈덤하우스, 2020.

이런 현대의 패권 개념은 그리스와 로마 시대에 형성된 패권 개념, 즉 '권위와 동의에 의한 세계 지배'에 그만큼의 책임과 역할, 이익이 강조된 것이었다. 패권이 국제사회의 보편적 원칙에 입각한 규칙과 규범, 국제법에 따라야 한다는 것도 자명했다.

여전히 이상과 현실은 달랐다. 냉전 종식 후 새로운 세계에서 평화·번영을 모색한 미국 역시 자연의 이치를 거스를 수 없었다. 구소련 붕괴 후 견제받지 않는 초강대국이 된 미국은 부패하고 타락한 제국이 되어갔다. 자국의 입맛에 맞는 세계의 민주화와 시장화를 추구하는 기업국가로 변신해 몰락의 길로 나아갔다.

단극 패권국이 된 미국이 본격적으로 추구한 신자유주의·세계화, 즉 세계의 미국화 속에서 세계는 물론 미국도 평화롭게 발전하지 못했다. 그리스 아테네와 로마제국 시대에 형성되고, 서구 제국주의 시대에 고착화된 패권의 한계를 극복하지 못하고 역사를 반복한 것이다.

인류의 희망은 패권국 없는 지구촌

21세기 초, 코로나19 팬데믹과 미중 패권전쟁 등으로 인한 국제질서의 급변은 지구촌의 지각변동을 초래하고 있다. 지금은 G0시대, 세계 각 지역·국가들은 각자도생하고, 헤쳐 모이며, 2차 대전 후 이루지 못한 진정한 자주독립을 추구하고 있다.

그럼에도 쇠락한 미국은 패권 의지와 능력이 부족하다. 아프간 철

수에서 보듯 국익에 도움이 안 되는 세계경찰 역할은 하지 않는다는 입장이다. 국제사회에서 동맹과 우방의 도움 없이 미국이 할 수 있는 게 별로 없는 가난한 나라가 되었다.

G0 시대인 오늘날은 패권을 행사하고 싶다는 나라가 없다. 패권전쟁 중인 미국과 중국은 상대방에 의해서 지배받기에는 너무 큰 나라다. 나머지 여러 지역의 대국들도 G2인 미국과 중국이 무시할 수 없는 힘을 갖고 있다. 이제 어느 일국이 패권을 행사하며 국제질서를 주도하는 시대가 아닌 것이다.

특히 디지털 정보화시대에 세계인들은 정치적으로 각성해 균형과 신뢰, 정당성이 없는 패권을 거부한다. 세계 각 지역의 시민들은 역사를 잊지 않고, 역사를 통해 깨어나고 있다. 2023년부터 과거 피압박 식민지인들은 과거 서구 패권 제국의 범죄에 대해 사과와 배상을 요구하기 시작했다. 특히 2024년 나미비아에서 발원한 아프리카의 단결과 자유를 위한 자주독립 운동은 전체 아프리카로 급속히 확산되고 있다. 2025년 4월 현재 여러 나라들이 서로 협력, 구미 제국들에 의한 신식민 지배의 폐해를 지적하며 권익을 되찾고 있다.

패권이 모두에게 편익은 적고, 그 비용이 커 매력 없는 것이 되어버린 것도 큰 변화다. 서에서 동의로의 역사 이동과 국제질서의 변화도 패권 개념의 변화를 요구한다. 변화한 시대 상황을 반영하지 못하고, 국제사회에서 인정받지 못하는 패권은 패권이 아니다. 홀로 산보하는 사람과 같다.

  2024년 11월, 미국의 대통령 선거에서 트럼프의 당선은 국제사회에도 의미가 있는 일이다. 트럼프가 추구하는 것은 '미국 우선주의'에 따른 '세이브 아메리카(SA)'와 '미국을 다시 위대하게(MAGA)'다. 오늘날 대다수 미국인을 비롯한 지구촌 사람들은 더 이상 부질없는 인간의 탐욕과 권력욕이 지배해 온 세계 패권을 거부한다.

  지금 미국과 중국은 '초심'으로 되돌아가 새로운 시대 상황에서 새로운 세계를 만들어 가야 한다. 답은 이미 자신들에 다 내놓았다. 당초 미국은 패권이 없는 세계를 추구했다. 2차 대전 후 유엔을 창설하고 운영하는 일을 주도했다. 아래와 같이 미국의 역대 대통령들은 현재 중국의 시진핑 주석처럼 패권을 추구하지 않겠다고 역설했었다.

  – 케네디 대통령은 1963년 6월 10일 아메리칸대학교 졸업식 축사에서 "(미국과 소련이) 다양성이 허용되는 안전한 세상 속에서 공존해야 한다"고 강조했다.

  – 1991년 9월 부시 미국 대통령은 탈냉전 첫해의 유엔 총회 연설에서 "미국은 '팍스아메리카'가 아닌 서로 공유하는 책임과 염원을 바탕으로 한 '팍스유니버설리스'를 추구할 것"이라고 했다. 미국이 더는 패권을

통한 평화를 추구하지 않고 보편주의, 즉 유엔을 통한 세계 평화를 추구하겠다는 선언이었다.

− 바이든 대통령도 지난 2020년 11월 대선 승리 연설에서 "미국은 세계를 패권적인 '힘의 과시'가 아니라 '모범적인 힘'으로 이끌어가겠다"고 다짐했다.

유엔 중심의 다자주의를 통한 세계의 평화·번영은 그동안 지구촌이 모색해 온 것이다. 21세기에는 과거와 같이 패권을 둘러싼 미중 간의 전면전은 상상할 수 없다. 일방적으로 패권을 행사하거나 자국 이익을 취할 수 있는 시대도 아니다.

미국은 지난 70여 년 동안 세계 패권을 행사하며 2025년 2월 현재, 국가 채무가 약 36조 달러(2024년에 이자 비용 1조1330억 달러 지출)에 이른다. 연 국채 이자비용이 국방비보다 더 많은 미국은 사실상 국가파산 상태에서 빚으로 연명하는 나라다. 아직도 세계 곳곳에 800여 개의 미군기지를 운영하는 패권 중독 상태에서 과다한 소비와 권력 유지 비용 때문이다. 이런 실정에서 미국이 지구촌의 마지막 유일 패권국이 되는 것은 역사의 발전일 것이다.

02

패권의 속성과 특징

인간관계와 달리 무정부 상태의 국제관계는 '힘의 정치'가 지배한다. 가장 힘센 나라가 국제질서를 수립하고 세계를 운영한다. 그 나라가 곧 국제관계를 지배하는 패권국이다. 패권국은 자국이 원하는 원칙과 규범, 규칙 등을 제도화하고, 이를 통해 국제질서를 지배한다.[103]

미중 패권전쟁에서도 보듯 패권국은 자신의 권력을 계속 유지·확대하고자 한다. 후발 도전국은 패권국을 따라잡기 위해 치열하게 경쟁하고 도전한다. 패권이라는 최고 권력의 속성은 마치 '동물의 왕국' 속 자연의 법칙과도 같다.

---

[103] 세계는 무정부 상태이다. 무정부적 질서는 무질서를 의미하지 않는다. 단순히 강제력을 가진 중앙정부가 존재하지 않는 가운데 개별 국가들이 각자도생하는 질서를 말한다. 문정인, 『문정인의 미래 시나리오 - 코로나19, 미중 신냉전, 한국의 선택』, 청림출판, 2021, p.101

국제정치의 본질은 경쟁

권력은 국제정치의 핵심에 놓여 있다. E. H. 카는 그의 저서 『20년간의 위기』에서 국제정치의 본질은 '힘을 위한 경쟁'이라고 강조한다. 현실주의 국제정치이론들도 국가가 힘을 추구하는 이유를 다양하게 주장한다. 힘과 지배를 향한 본능적 의지, 무정부 상태에서 생존 가능성을 높이기 위해, 또 국제체제의 구조가 자국 안보의 극대화를 강요하기 때문이란다.

사실 힘의 정치가 지배하는 국제정치의 세계는 무자비하고 위험하다. 역사적으로 거의 모든 나라의 운명은 가장 큰 힘을 가진 나라의 행동과 결정이 좌우했다. 이 때문에 강대국들은 끊임없이 경쟁할 수밖에 없다. 미국의 현실주의 국제정치학자인 미어샤이머는 이걸 '강대국 정치의 비극'이라고 말한다.[104]

현실주의 국제정치학자들은 각 국가들이 힘의 계산에 민감하며, 힘을 위해 경쟁한다고 본다. 국가들 간의 경쟁은 때로 전쟁을 야기한다. 전쟁은 다른 수단에 의한 정치의 연속, 즉 국가 정책 수단의 하나로 용인돼 왔다.

---

104 존 J. 미어샤이머·이춘근 옮김, 『강대국 정치의 비극』, 김앤김북스, 2018. p.35, pp.20~22

권력은 독, 피보다 진하다

국제정치학에서의 힘은 경제학에서 돈과 같다.[105] 권력과 돈은 쉽게 나눠지지 않는다. 이를 둘러싼 다툼이 빈발한다. 인정사정도 없다. 왜 그럴까?

아무리 높은 산도 사람보다 높지 않다.[106] 힘을 추구하는 인간은 강한 지배욕으로 충만해 있다. 식욕·성욕보다 더 강력한 것이 인간의 권력욕이다. 권력의 달콤함을 안 인간은 가장 최후에 권력을 내려놓는다. 실제로 권력이 제일 높았다. 피보다도 더 진했다.

중국의 오천 년 역사상 가장 이상적인 성군으로 평가받는 당 태종 이세민은 '현무문의 변(玄武門之變)'을 통해 권력을 장악했다. 먼저 형인 태자 이건성과 동생 이원길을 현무문에서 제거했다. 이후 당 고조인 부친 이연마저 배제한 후 왕이 되었다. 조선시대 태종이 두 차례의 '왕자의 난'을 통해 왕에 오른 것과 똑같았다.

형제간에도 고난은 함께할 수 있을망정 부귀를 함께 누리기 어렵다. 국가지도자들도 권력을 잡고 힘이 커지면 대부분 이기주의와 일방주의에 매몰된다. 권력 서열 2위는 인정하지 않는다. 이게 권력과 지위, 돈을 둘러싼 싸움에서 궁중정변과 권력투쟁, 형제난 등 잔혹

---

105 존 J. 미어샤이머·이춘근 옮김, 앞의 책, pp.48~49
106 성균관대학교 성균중국연구소 편, 『중국 지도자의 수첩』, 성균관대학교출판부, 2016, p.38

한 경쟁이 끊임없는 이유였다.[107]

 하물며 약육강식과 강권법칙이 지배하는 무정부 상태의 국제사회에서 패권을 공유하는 것은 쉽지 않다. 대 중국 견제를 강화하기 위한 미국 오바마 행정부의 '아·태 재균형' 전략이나 트럼프·바이든 정부의 '인도·태평양' 전략은 중국과 태평양을 공유하지 않겠다는 것이다.

패권의 독재·오만은 필연

 세계 최고의 하드파워와 소프트파워를 갖춘 패권국은 시혜적이고 이타적이며, 강압적이고 이기적이다. 미국과 같은 패권국은 국제사회에 자유무역질서나 안정적인 국제통화 등 개방적인 무역체제를 보장한다. 패권국이 국제공공재를 기꺼이 제공하는 이유는 자국이 주도하는 안정된 국제정치경제체제로부터 얻는 이익이 크기 때문이다.

 우선, 지배적 수혜자인 패권국이 공공재를 공급하면 기타 국가들은 비용을 부담치 않고 무임승차해 이득을 볼 수 있다. 이 때문에 모든 국가가 패권국을 인정·존중하고, 패권국이 주도하는 국제질서를 따른다. 패권의 이상은 일단 시혜적이고 이타적이다.

 그런데 권력은 독약이다. 절대 권력인 패권은 절대 선하지 않다. 속성상 오래 가지려 하고, 지배하려 하며, 이익을 확대하려고 한다. 특히 힘이 커지면 생각이 바뀐다. 자국을 위해 힘을 더 사용코자 한

---

107 조지 프리드먼 지음·홍지수 옮김, 『다가오는 폭풍과 새로운 미국의 세기』, 김앤김북스, 2020, p.397

다. 설사 선을 표방한 권력이라도 시간이 지나고 힘이 더 세지면 오만해지고, 이기적인 탐욕의 지배를 받게 된다.

그동안 서구의 모든 제국은 침략을 통해 팽창을 추구했다. 그 과정에서 한결같이 자국의 세계화를 추구했다. 아테네는 델로스동맹국의 민주화라는 이름으로 아테네화를, 로마는 모든 길을 로마로 통하도록 지중해 세계의 로마화를, 중국은 동아시아의 중국화를 추구했다.

미국도 1970년대 이후는 원래 의미의 패권국이 아니었다. 월남전을 계기로 패권을 행사하지 않고, 일방적으로 휘두르면서 대외적으로 부정의를 일삼는 제국과 제국주의로 변화했다. 신자유주의·세계화라는 이름으로 세계의 시장화·민주화, 즉 세계의 미국화를 추구했다.

이처럼 패권국은 강력한 경제력과 군사력을 바탕으로 타국에 자신의 의지를 강요한다. 이기적이고 공격적인 패권국은 자국의 주장과 이익이 관철되면 염치가 없어진다. 더 오만불손하게 된다. 패권 초기 금욕주의적인 이상에서 시작해 점차 쾌락주의자가 된다.

특히 서구의 패권 제국과 제국주의는 그 본성이 약탈적이고 침략적이었다. 절대 패권은 절대 부패해 오래갈 수 없었다. 15세기 이후 500년 동안 서구 제국의 진정한 패권은 평균 30년을 넘기지 못했다. 한결같이 ① 전쟁 등의 경쟁을 통해 패권국이 된 나라는 ② 제국의 독재와 오만, 일방주의가 저지르는 대외 부정의가 ③ 내부적으로 국민들의 혼을 부패하고 타락케 해 ④ 결국 국가와 패권이 몰락하는 길로 나갔다.

패권의 몰락과 세력전이는 자연의 이치

우리는 역사를 통해 무수한 패권국들이 명멸해 갔음을 알 수 있다. 서양의 아테네와 로마에서부터 현대의 영국과 미국까지, 또 중국의 진·한에서부터 현대의 일본과 중국까지, 그 과정도 다채롭고 화려하다. 모든 나라와 시대는 융성한 다음에 쇠퇴했다. 아무리 강한 권력도 시간이 지나면 쇠퇴하기 마련이었다.

역사학자 E. H. 카는 "패권 질서는 그 권력의 상대적·절대적인 쇠퇴에 따라 결국 붕괴하고 만다"고 주장했다. 미국의 전략가였던 키신저는 "세계질서는 마치 자연의 법칙을 따르는 것처럼 새로운 질서를 추구하는 국가가 등장한다"고 했다. 폴 케네디는 "근대 이후의 국제체제는 강대국의 흥망성쇠에 따라 변동해 왔다. 과도한 군사력 유지가 강대국조차 쇠락하게 만들었다"고 주장했다.

고대 중국의 한비자 또한 "항상 강한 나라도, 또 항상 약한 나라도 없다(國無常强 無常弱)"고 했다. 현대 중국의 대표적인 전략가 후안캉은 '국가생명체론'에서 국가의 생명 주기를 4단계, 즉 준비 → 신속 성장 → 강성 → 쇠락으로 보고, 각종 자료를 제시하면서 미국의

쇠락과 중국의 부상을 예견했다.[108]

　권력이란 마치 양날의 검과 같아서 현명하게 사용한다면 원하는 것을 얻을 수 있고, 위기를 기회로 바꿀 수도 있다. 반면에 서투른 권력 사용은 기회마저도 위기로 바꾸며 스스로에게 해를 입힌다.
　그동안 국제사회에서 최고 권력인 패권은 무소불위의 권력이었다. 지난 수 세기 동안 권력자의 경전으로 불린 마키아벨리의 『군주론』은 가장 냉혹한 권력의 사용법을 제시했다. 수많은 권력자들이 이 책의 가르침을 모범으로 삼아왔다.
　그런데 21세기가 되면서 권력의 세계에 대란이 일고 있다. 권력의 속성이 변하지는 않았으나 권력이 곧 무력인 시대는 지났다. 강자는 과거의 방식으로 약자를 지배할 수 없게 되었다. 약자들은 저항할 수 있고, 저항한다. 양극적인 이데올로기 대결도 더 이상 국제정치의 주요 역학으로 작용하지 않는다.
　달이 차면 기운다. 모든 역사에서 강대국은 제국이 되는 순간 몰락의 길로 접어들었다. 영원한 승자도 영원한 패자도 없었다. 아무리 초강대국이라 할지라도 지속적으로 안정과 평안이 유지될 수 없었다. 외부에 적이 없으면 내부에 적이 생긴다. 반대로 내부에 적이 없으면 외부에 적이 생긴다. 내우외환(內憂外患)도 다반사였다.

---

108 胡鞍鋼, 『中國崛起之路』(北京大學出版社, 2007.), pp.1~24

03

패권국이 될 수 있는 조건

 국제관계에서 패권을 장악한다는 것은 동시에 많은 책임을 지게 되는 것이다. 패권국은 다수 국가의 지지를 받고, 전쟁을 방지하고, 국제경제를 안정적으로 발전시키는 책임이 있다. 자국의 세력을 강화하거나 도전하는 자세만으로 패권국이 될 수 없다.

 패권은 통상 "정치·경제적 국제관계가 집행되는 규칙·제도를 지시하거나 지배할 수 있는 능력"을 말한다. 그렇다면 패권의 행사에는 어떤 형태의 권력 자원이 필요한가? 군사력인가, 아니면 경제력인가? 이 두 권력 자원은 어떻게 관련돼 있는가?

 과거의 패권 논의에서는 군사력을 중시했다. 그런데 20세기 초·중반, 1, 2차 대전에서 군사력만으로 패권을 획득하려 했던 독일과 일본 제국은 실패했다.

 20세기 후반 국제정치학자들은 자원 자본과 시장, 상품 생산 등을 통제할 수 있는 패권적 경제력을 중시했다. 세계경제를 통제할 수 있는 규칙·제도를 설정할 수 있는 힘을 갖지 못하면 패권국이 될 수 없다는 것이었다.

19세기와 20세기, 영국과 미국의 패권은 두 강대국이 국제경제 질서의 규칙을 제정하고 강요할 수 있는 힘이 있었음을 의미한다. 월러스타인은 패권의 물적 토대는 농업과 산업 생산, 상업·금융 등 주요 경제 영역을 효율적으로 운영할 수 있는 기업 능력에 있다고 주장했다.

그는 이 개념에 따라 3개 경제 영역 모두를 충족한 패권은 짧은 기간이었다고 주장한다. 역사상 1620~1650년의 네덜란드와 1815~1873년의 영국, 1945~1967년의 미국 등 세 번의 패권밖에 없었다는 것이다.[109]

점차 강화돼 온 패권의 조건

원숭이·고릴라와 같이 집단생활을 하는 고등동물은 체격만 크거나 싸움을 잘한다고 우두머리가 될 수 없다. 초등학교 어린이들도 반장이나 전교 회장이 되기 위해서는 지력·체력에 인간적인 매력을 갖춰야 한다.

국제사회에서도 패권국이 되기 위해서는 물리적인 하드파워뿐만

---

[109] 1648년 이후의 웨스트팔리아 평화 조약, 1815년 이후의 유럽 협약, 1945년 이후의 유엔과 브레튼우즈 체제가 그것이다.

아니라 정신적·감정적으로 존경을 받을 수 있는 소프트파워를 가져야 한다. 고대 그리스 아테네와 로마제국의 패권은 역내에서 가장 강력한 경제력·군사력과 함께 문명을 꽃피운 패권이었다.[110]

30년 패권국 그리스 아테네와 달리 500년 패권을 행사한 로마는 한결같이 사상과 영혼의 제국이었다. 특히 오현제 시대 팍스로마나 시기의 로마는 속주들이 모방하고 싶어 안달하게 만드는 꿈의 제국이었다.

절대 권력인 패권국은 언제나 일련의 저항에 봉착했다. 저항을 넘어 자신의 헤게모니를 관철시키는 성공적인 패권국은 물리적 '힘' 이상의 '설득력'을 갖고 있었다. 기꺼이 수용하고 싶은 삶의 양식, 모방하기만 해도 안정·번영을 가져올 듯 보이는 문화는 강한 설득력이었다. 서구 유럽에서는 그리스 아테네와 로마문명, 그리고 미국의 문화가, 동아시아 세계에서는 중화문명이 그것이다.

거의 모든 패권 제국은 완력으로 이루어졌지만 힘만으로 지탱한 제국은 없었다. 힘을 의무로 바꾸지 못하면 지배자는 지배력을 유지하느라 에너지를 탕진할 수밖에 없었다.[111] 제국의 압제가 합의와 동의에 길을 내주고 양보하면 영속할 수 있었다. 펜이 칼보다 강했다.

---

110 폴 케네디에 의하면 '패권국'과 달리 '강대국'은 군사력과 인구, 지정학적 위치, 산업, 과학기술, 신용, 외교능력 등 자국의 자원을 효율적으로 활용하는 나라를 의미한다. 폴 케네디 저·이일주 역, 앞의 책, 1990.
111 헨리 키신저 지음·권기대 옮김, 앞의 책, 2012, p.37

권력 자원의 전환 능력이 관건

이렇듯 패권은 경제력·군사력만으로는 안 된다. 적어도 국제사회 대다수 국가들의 동의와 존경, 협력이 필수적이다. 미국의 경우도 예외가 아니었다. 미국의 경제는 1870년 무렵 영국을 따라잡았으나 패권은 1945년에야 장악할 수 있었다. 왜?

당시 패권국인 영국은 19세기 말부터 1945년까지 경제력·군사력이 세계 3위의 국가였다. 수공업과 무역·금융·해군력에서만 1위였다. 독일도 1910년 유럽 최고의 경제 대국으로 가장 강한 군사력도 갖고 있었으나 패권국이 되지 못했다. 하드파워에 소프트파워와 네트워크 능력 결합 등 자원 전환 능력이 있어야 패권이 가능하다는 말이다.

실제로 각 패권국은 아래 〈표-11〉와 같이 경제력·군사력 등 잠재적 권력 자원을 현실적인 권력으로 전환시킬 수 있는 능력이 있을 때 패권을 잡았다.

〈표-11〉 역대 패권국의 주요 권력 자원(1500년대~1900년대)

시기	패권국	주요 권력 자원
16세기	스페인, 포르투갈	금괴, 식민지 무역, 용병, 왕조

17세기	네덜란드	무역, 자본시장, 해군
18세기	프랑스	인구, 농업, 공공 행정, 군대
19세기	영 국	산업, 정치적 응집력, 재정과 강한 해군, 자유 규범, 방어가 용이한 섬이라는 지리
20세기	미 국	경제 규모, 과학기술, 리더십, 자유 지향 국제 레짐, 초국적 소통 중심, 동서에 대서양·태평양을 둔 지정학

* 출처: J. S. Nye, Bounded to Lead: The Chang Nature of Amrican Power, 1990, p. 183

    자원의 패권 전환 능력을 고려할 때, 패권국이 되기 위해서는 먼저 지정학적으로 안전한 국가여야 한다. 중국과 같이 타국이 침략할 수 없는 넓은 국토를 갖거나, 미국과 같이 타국이 함부로 침략할 수 없는 지정학적 위치에 있어야 한다.

    둘째, 강력한 패권 창설 의지와 이를 뒷받침하는 군사력·경제력이 필수적이다. 패권체제는 강제력에 의해 만들어지고 유지된다. 패권국은 세계 평화를 유지하는 경찰국가이다. 이를 위한 시스템과 규율을 집행하는 국제법과 기구를 창설해 안정적으로 운영해야 한다. 대영제국의 패권이 몰락한 이유는 1930년대 대공황과 2차 세계대전을 막을 수 있는 능력이 없었기 때문이다.

    셋째, 패권국은 국제사회에 자유무역과 항행의 자유와 같은 공공재를 제공해야 한다. 공공재의 효율적이고 안정적인 운영에 필요한 비용도 감당해야 한다. 공공재의 지배적 수혜자인 패권국은 이를 이용하는 국가들로부터 막대한 수수료 이익을 얻는다. 대영제국의 파운드화와 미국의 달러화와 같은 기축통화는 패권국이 가지는 가장 큰 특권적 이익이다. 패권국은 기축통화 발행권을 이용해 자신들의 대외정책과 전쟁, 해외 주둔군 운용에 필요한 비용을 충당한다.

넷째, 패권국은 국제사회의 규칙을 준수하고, 인류를 이끌 만한 보편적 가치를 갖고 있어야 한다. 자국의 체제와 이념을 강제하고 자국의 이익만을 추구한다면 약소국들은 등을 돌리거나 딴생각을 할 것이다. 성공한 제국들의 공통점에는 타민족을 끌어안는 개방과 관용 정책이 있었다. 처음부터 다원주의를 주장하고 종교적 관용의 원칙 위에서 출범한 미국은 200여 년 만에 세계 초일류국가로 성장했다. 대부분의 국가가 그러했듯이 관용이 사라진 국가는 빠른 속도로 몰락했다. 패권은 경성권력과 연성권력의 적절한 조화 없이 가능하지 않았던 것이다.

21세기, 세계는 급속도로 변화하고 있다. 한 나라의 부와 힘의 원천이 영토·인구 같은 물리적 조건에서 무형자산으로 옮겨가고 있다. 성숙한 시민사회와 민주주의, 애국심과 민족 의식, 개척자의 모험과 상인의 도전, 기업인의 혁신정신과 같은 소프트파워가 중요해진 것이다.

이렇듯 패권의 의미와 속성·특징이 과거와 다르게 변했다. 새로운 시대에는 권력의 사용 방식이 달라질 수밖에 없다. 패권의 개념과 그 운용 방법은 물론 패권국의 자격 요건도 달라진다. 그동안의 미국 패권은 사실 아주 특별한, 미국만의 예외적인 것이었다. 복잡다단해진 지구촌에서 앞으로 1국이 세계를 지배하는 단극 패권은 역사를 반복하지 않고, 역사 속으로 사라질 것이다.

제6부

세계 패권의 공간·지역 이동

역사는 끝나지 않는다

끊임없이 반복하며, 순환하고, 이동한다. 순환은 반복에서 온다. 모든 패권국은 성장하다 쇠퇴했다. 강대국의 흥망성쇠가 곧 패권 역사의 순환을 가져왔다.

우리는 지금 인류에게 지대한 영향을 미칠 부와 권력의 이동, 세계질서의 변화를 목도하고 있다. 세계사의 주요 무대와 주도 지역, 패권국의 변환 주기가 큰 틀에서 막바지에 이르고 있다.[112] 하늘에서 우주로, 미국 중심의 서구에서 중국 중심의 아시아로 이동하고 있는 것이다.

---

112 레이 달리오 지음·송이루, 조용빈 옮김, 앞의 책, p.38

01

공간 : 대륙 → 바다 → 하늘 → 우주·사이버

문명 탄생 후 2000여 년, 세계사의 주 무대는 육지 → 바다 → 하늘로 변해왔다. '육지'의 역사는 유라시아에서 오랫동안 지속되었다. 15세기 이후 약 450년은 5대양 6대륙을 연결한 '바다'의 역사였다. 이후 현재까지 약 100년은 항공망과 인터넷 가상 공간으로 이루어진 '하늘'의 역사다.

  몽골과 영국과 미국은 각각 3개의 공간을 장악한 패권국이었다. 3국은 각각 대륙과 해양, 하늘을 이용한 첨단 무기와 기동성 있는 군사력으로 패권을 잡았다. 부족함이 많은 지역에서 출현해 세계사의 흐름을 잘 탔다. 기존의 세계질서가 무너질 때 전쟁을 통해 패권을 잡았다.

  21세기 패권의 주 무대는 어디가 될 것인가? 패권 공간은 이미 육·해·공을 넘어 우주와 사이버 영역으로 확대되고 있다. 지식 정보화 추세가 가속화되면서 지구촌민들의 마음(心)을 사지 못하는 패권국은 존재하기 어려운 세상이 오고 있다.

대륙

15세기 이전, 문명이 꽃피고 제국이 성장한 지역은 유럽·중국·인도 등 유라시아 대륙이었다. 세상의 발전은 땅을 근거지로 한 농경민과 목축민이 주도했다. 상인들이 농경민과 목축민을 연결하고 정보를 전달하면서 교역 경제가 시작되었다. 인류사의 발전 과정에서 큰 사건인 정신 혁명과 세계의 팽창도 이뤄졌다.

육지 세계의 재편은 대초원에서 시작되었다. 유목민들이 세운 몽골 제국은 인류 역사상 가장 넓은 영토를 지배한 대제국이었다. 13세기 말의 몽골은 중국과 서아시아는 물론 러시아 남부까지 지배했다.

몽골은 유목민의 가난과 결핍, 유연한 사고와 개방성, 상인에게서 얻은 정보와 군사력을 결합해 세력을 확장했다. 실크로드와 초원길을 통해 유라시아를 지배했다. 70년에 가까운 끊임없는 정복전쟁의 결과, 유럽과 인도 일부를 제외한 유라시아 대륙 대부분을 지배했다.

대정복의 원동력은 조직적인 행동력과 속도전 등 능숙한 작전의 겸비였다. 칭기즈칸이 영입한 요나라 왕족 출신 지략가 야율초재의 활약이 컸다. 대제국 몽골이 만든 광역 교통 네트워크는 세계 각지의 사람들과 문물이 교류하고 융합하는 장이었다.

무엇보다 몽골은 다양성과 통합이 공존하는 대제국이었다. 각 문명 간의 연결과 통합이 이루어졌다. 몽골제국 시대의 지구촌은 진정한 의미의 세계사, 즉 유라시아 각 지역이 하나의 '세계'가 되었다. 처음으로 세계 지도가 제작되고, 세계사가 편찬돼 세계가 하나의 실체로 인식되기 시작했다. 이는 곧 '세계사의 탄생'이었다.

영국의 지정학자 맥킨더(1861년~1947년)는 유명한 금언을 남겼다. "동유럽을 지배하는 자가 심장부를 지배한다. 심장부를 통치하는 자가 세계섬을 지배한다. 세계섬을 통치하는 자가 전 세계를 지배한다." 인류 역사에서 세계섬이자 심장 지역인 유라시아 대륙을 지배한 나라는 몽골제국이 유일하다.

바다

해양은 지구 표면의 70.8%를 차지한다. 세계는 모두 바다로 연결된다. 바다를 통해 지구의 어느 곳이든 갈 수 있고, 누구와도 만날 수 있으며, 어떤 물건도 실어 나를 수 있다.

고대부터 바다를 지배하는 자가 세계를 지배했다. 기원전 1200년경 동지중해와 에게해 연안을 장악한 페니키아는 인류의 해양문명과 산업의 원조였다. 에게해는 그리스 아테네가, 지중해는 로마가, 대서양은 스페인, 네덜란드, 영국이, 2차 대전 후 태평양은 미국이 지배하면서 패권이 이동했다. 해양을 지배하는 자가 강대국 혹은 초강대국의 반열에 올랐던 것이다.

육지에서 바다로의 패권 이동은 모험과 과학이 추동했다. 콜럼버스와 마젤란의 대항해와 지동설을 주장한 코페르니쿠스가 바다로 눈을 돌리게 했다. 15세기부터 20세기 중반까지의 세계 중심은 해군·상선, 제해권 등 해양 이용 능력을 갖고 바다를 지배한 지중해와 북해 주변의 유럽 국가들이었다.

15세기 중반에 시작된 대항해 시대에는 대서양을 통해 유라시아보다 훨씬 넓은 대양을 중심으로 세계가 재편되었다. 제1단계는 이베리아 반도의 포르투갈과 스페인, 제2단계는 북해 바이킹의 후예들인 네덜란드와 영국이 주도했다. 19세기 유럽 열강의 아시아, 아프리카, 아메리카 식민지 정책은 역사의 중심을 육지에서 바다로 바꾸었다.

스페인과 포르투갈, 네덜란드와 영국은 물론 미국도 바다를 장악하지 않고 패권국이 될 수 없었다. 바다의 중요성은 마한(1840년~1914년)과 맥킨더, 스파이크만(1893년~1944년)이라는 3명의 저명한 지정학자들의 이론에서도 확인된다.

미국은 패권 장악 전 과정에서 위 지정학자들의 이론과 주장에 입각해 바다를 지배해 나갔다. 미국이 강대국으로 성장하는 데 마한의 공적이 크다면, 미국이 세계 패권을 장악하는 데 스파이크만보다 더 큰 공을 세운 이는 없었다.

"바다를 지배하는 자가 세계를 지배한다"는 마한의 '해양권력론'은 소련이 붕괴할 때까지 근 100년 동안 미국의 세계 전략이었다. 그의 지정학적 관점은 여전히 불변의 가치가 있다. 마한은 미국을 세계 대국으로 만든 5명의 미국인으로 꼽힌다.

"유라시아 대륙의 주변부 해안을 통제하라."라고 한 스파이크만도 바다의 지정학을 강조한다. 그가 제기한 '림랜드론(Rimland theory)'은 그동안 미국 세계 전략의 중요한 기반이었다. 그의 지정학적 이론과 예측들은 거의 모두 미국의 정책으로 구현되거나 현실이 되었다. 그의 분석력과 예측력은 '탁월'을 훨씬 넘는다. 그는 미국의 대중·소 봉쇄 정책의 아버지로 불린다.

오늘날, 미중 패권전쟁의 핵심은 중국의 '일대일로(육상·해상 실크로드)' 정책과 미국의 '인도–태평양 전략' 간의 싸움이다. 현재 미국의 대 중국 전략의 핵심은 서태평양의 남중국해와 인도양 등에서 바다의 해양권력을 키우려는 중국을 다대다로(多大多路)로 차단하고 봉쇄하는 것이다.

한편, 맥킨더와 마한, 스파이크만의 지정학적 이론과 주장에 비추어 볼 때 현재 미국은 예전에 없던 위기에 직면하고 있다. 미중 패권전쟁이 일으킨 지각변동 상황에서 마한의 바다와 맥킨더의 대륙 심장부, 스파이크만의 림랜드 모두 흔들리고 있기 때문이다. 미국이 쇠락하자 미국이 주도하는 국제질서가 흔들리면서 나타나는 패권 균열 움직임은 크게 4가지다.

첫째, 러시아의 우크라이나 침략은 미국의 지정학적 전략 요충지에 대한 위협이다. 우크라이나는 유럽 동부 지역의 대표적인 림랜드다. 러시아의 침략에 따른 우크라이나 전쟁은 미국 손의 힘(握力)이 느슨해지고 있다는 증거다. 우크라이나 전쟁에서 미국이 후퇴하거나 실패하면, 이는 아마도 폴 케네디가 경고한 미국의 마지막 군사적 실수가 될 것이다.

둘째, 유라시아 대륙의 중심인 중국과 러시아가 미국에 대항하며 전략적 협력을 강화하고 있다. 중·러 양국의 전략적 협력은 맥킨더가 경고한 미국의 경쟁국이 세계의 심장부인 유라시아를 장악할 가능성을 증대시키는 것이다. 여기에 중동과 중앙아시아가 더해지면 유라시아 세계섬은 미국을 위협하는 거대 세력이 된다.

셋째, 설상가상으로 림랜드라고 할 수 있는 인도, 헝가리, 터키, 사우디, 이란 등 심장부 주변의 여러 나라가 변하고 있다. 국제질서는 지금 G0를 넘어 다극적 지역화 시대로 가고 있다. 미국과 중국이 손을 놓고 싸우고 있으니 아프리카와 중동, 중앙아시아, 중남미 각국이 지역 협력체를 강화하고 있다. 미국의 힘이 전과 다르고, 미국과 협력해서 얻을 게 별로 없기 때문이다. 이에 따라 세계는 크게 미국·서구 대 중·러 중심의 비서구 국가들로 구분되면서 30% 대 70%의 대립 구도가 형성되고 있다. 15세기 이후 상이한 역사와 문명, 지배와 피지배 등으로 구분되는 옅은 편 가르기다. 2022년 영국 케임브리지대 'A World Divided' 보고서, 2023년 미국 'Hamilton Index(ITIF)', 2024년 호주 전략정책연구소 '글로벌 핵심 기술 현황' 보고서는 국제질서의 대세가 미국에서 중국으로 기울고 있음을 확인하고 있다.[113] 2025년 초, 트럼프 2기 정부 출범 후 전 세계를 대상으로 한 미국의 무분별한 관세폭탄은 대책 없이 몰락하고 있는 미국을 확인해주고 있다.

마지막으로, 대륙세력이었던 중국이 이제 해류세력임을 자처하며 미국이 지배해 온 태평양 진출을 시도하고 있는 것도 새로운 현상이다. 중국이 바다로 나오고 있는 이유는 미국의 해양권력이 바닥을 보이고 있기 때문이다. 현재 미 해군력의 기반이었던 미국의 함선 건조 능력은 중국과 비교되지 않는다. 2024년 미 대선에서 승리한 트럼프 당선인은 첫날(11. 6.) 윤석열 대통령과의 통화에서 기술력 세계 1위인 "한국 조선업의 미국 도움이 절실하다"고 말했다. 미국의 '신자유주의·세계화'의 여파로 공동화된 조선 산업은 완전히 파산 상태다. 현재 미 해군의 노후한 항모나 핵 잠수함의 유지·보수는 각각 1

---

[113] 김흥규, "절벽 위에 선 대한민국", 김흥규의 외교만사 外交萬思, 경향신문, 2024. 12. 12.

개 조선소에서 가능하나 그것도 언제 끝날지 기약이 없다. 적은 예산과 낮은 기술 등으로 핵 잠수함의 37%가 계속 수리 중이다.

반면, 현재 중국의 항공모함 등 함선 건조 능력은 미국을 크게 앞서고 있다. 2024년 기준 중국과 미국의 함정 수는 370척 대 297척으로 중국이 크게 앞서고 있다. 미국의 선박 생산량은 세계의 0.1%도 안 된다. 중국의 조선 산업은 전 세계 선박 생산량의 약 50%, 연간 3,300만 톤(한국 1,800만 톤)을 건조한다.[114] 2023년 세계 선박 수주 점유율은 70%(1,711척/4,645만 CGT)였다. 다롄(大連)에는 30만 톤 규모의 군용 선박을 동시에 건조하고 조립할 수 있는 6곳의 부두 시설이 있다. 전국 각지에는 선박 생산량 1만 톤 이상의 조선소 539곳이 있다.

미국의 쇠락과 패권의 균열을 반영하는 이런 정황들이 더 악화되면 미국이 주도하는 세계질서는 예상보다 빠르게 무너질 것이다. 2020년 코로나19 사태 시 드러난바, 미국의 제조업 능력은 형편없다. 내부의 정치·행정 시스템이 무너지고 고장 난 지도 오래되었다. 바다를 지배하는 나라가 미국에서 중국으로 바뀌가면서 미국의 시대가 저물고 있다.

---

114 조선업 경쟁력은 수주량으로도 확인하는데 2025년 3월 한국의 세계 수주량은 55%, 중국은 35%였다. 기술력이 더 좋은 한국은 2025년 들어 미국의 대 중국 선박 제조 및 해운업 규제 등으로 이득을 보고 있다. 반면, 중국은 자국 물량 수주 비율이 높다.

하늘

19세기부터 유럽과 미국에서는 중화학 공업이 성장하면서 무기가 크게 발전한다. 무기의 진보는 항공 무기의 출현을 낳았다. 20세기 초·중반의 제1, 2차 세계대전은 결국 바다와 육지의 제공권으로 하늘을 지배한 미국 공군이 승리를 견인했다.

전쟁에서 제공권을 장악하면 제해권도 장악한다. 2차 대전 후 유럽이 몰락하고 유라시아 대륙의 여러 제국이 쇠락할 때 미국은 단번에 패권국이 되었다. 대량생산과 자동차와 항공기, 특히 인터넷 플랫폼을 열어 하늘의 시대를 만들었다.

1단계에서는 세계를 연결하는 항공기와 제트기 네트워크를 지배했다. 2단계에서는 인터넷, 정보통신기술(ICT)을 통해 사실상 전 세계 패권인 플랫폼을 형성했다. 가상의 인터넷 세상에서도 패권을 잡았다.

21세기에는 하늘 세계에서 거대 다국적기업인 GAFA, 즉 G(구글 = 검색사업), A(애플= 스마트폰 단말기 생산·공급), F(페이스북= 13억 명의 SNS), A(아마존= 전자상거래)를 통해 세계경제를 재편해 왔다.

과거에는 육지·바다·하늘의 지배자가 주도권을 잡았다. 이제 인간세계의 공간은 지구 안에서 지구 밖으로, 현실에서 가상으로 넓어지고 있다. 지금까지의 지상 기술 패권뿐 아니라 위성으로 대표되는 하늘 기술 패권을 장악한 나라가 세계를 지배할 것이다.

우주·사이버 공간

가상 공간은 현실 공간보다 훨씬 더 넓다. 특히 21세기 4차 기술혁명은 지정학적 공간을 육·해·공을 넘어 사이버·우주 공간으로 넓히고 있다. 우주는 5차원 전장의 핵심으로 미중 전략경쟁의 중심축이다.[115]

이에 따라 미중 양국은 우주 공간을 새로운 형태의 글로벌 헤게모니 영역으로 이용하고자 한다. 우주의 전장화와 우주기술의 무기화를 추구하고 있다. 선두 주자인 미국은 우주에서의 국방 역량이 패권전쟁의 승패를 가를 것으로 보고, 우주기술 개발에 박차를 가하고 있다. 2025년 3월, 미국은 중국의 첨단 우주무기 개발에 대응해 우주서 미사일을 쏘는 '골든돔', 즉 미국판 아이언돔 건설 팀을 꾸렸다.

중국에게도 우주는 현대전을 수행하고, 미국과 그 동맹국들의 군사 능력을 추격할 수 있는 무주공산(無主空山)의 공간이다. 중국은 오래전부터 우주군을 운용하며, 위성 요격 능력을 갖추고 있다. 양자컴퓨터를 활용하거나 전파·레이저 공격을 통해 위성의 기능을 마비시키는 우주무기 개발에 전력을 다하고 있다.

21세기 우주의 군사적 이용 기술은 인공위성을 파괴하고, 적의 미사일 발사를 실시간 감시하는 수준에 도달했다. 10cm 수준의 해상도를

---

115 앨프리드 맥코이 지음·홍지영 옮김, 『대전환』, 사계절, 2019, p.263

가진 정찰위성으로 적의 안마당을 훤히 들여다본다. 통신위성을 이용해 전 세계인의 감청정보를 지상의 네트워크로 전달할 수 있다.

현재의 우주국방 기술은 주로 우주공간에서 지상의 작전에 필요한 정보·통신을 지원하는 수준이다. 미래에는 우주에서 지구 상의 전장을 화력으로 직접 지원하게 될 것이다.[116] 사실상 로봇드론 전쟁인 우크라이나 전쟁에서 보듯 만약 우주에서 AI 로봇 드론이 활약한다면 미래전은 또 다른 양상으로 발전할 것이다.

이에 대비해 중국은 2015년에, 미국은 2019년에 아래 〈표-12〉와 같은 우주 관련 군사조직을 창설·운영하고 있다. 주한미군은 2022년 12월, 오산기지에서 우주군사령부를 출범시켰다.

〈표-12〉 미국과 중국의 우주군 비교

구 분	미 국	중 국
명 칭	미합중국 우주군	중국 인민해방군 전략지원부대
창설 연도	2019년 12월 20일	2015년 12월 31일
명령체계	국방부	중앙군사위원회/인민해방군
역 할	MD, 우주 감시, 군사위성 통제, 우주 전쟁, 인공위성 관리	전자전, 사이버전, 우주전, 제반 정보권 확보

---

116 김종범, "주요국 우주 패권경쟁과 국방 우주", 『우주정책연구』, 2021, Vol. 14, pp.122~123

표어/행진곡	언제나 위에서	우리는 칼끝, 우리는 철권
규 모	정규군 : 6434명 우주 물체 : 77기	미 상

* 출처: 관련 여러 참고 자료를 취합해 정리함.

한편, 우주공간 못지않게 중요한 공간은 사이버 세계다. 사이버 공간은 경제·안보가 맞물린 새로운 대결 공간이다. 정보가 무한대로 흐르는 사이버 세계에서는 보안이 생명이다. 유사시에 국가의 셧다운은 돈이 아닌 사이버 세계에서 쉽게 일어날 수 있다.

미국과 중국은 사이버 안보를 국가의 중요한 정책과제로 삼고 있다. 미국은 중국에 의한 안보리스크가 커지자 화웨이와 ZTE 등 중국 통신장비업체 규제에 이어 반도체 칩과 장비, AI반도체 수출·투자 제한, 위챗 금지 등으로 대응하고 있다. 중국도 만리장성 대신 만리방화 벽을 쌓아 올리며 미국의 플랫폼을 차단하는 등 사이버 안보에 만전을 기하고 있다.

최근 맷집이 커진 중국은 미국의 조치에 상응하는 조치로 맞대응하고 있다. 시진핑 주석은 중국 국방부에 미국과의 우주·사이버 전쟁에서 결정적인 승리를 보장할 수 있는 '한방'을 조기에 개발하라고 지시했다. 한방은 최첨단 우주·사이버 기술에 있다.

미중 기술 패권경쟁에서 일상화된 사이버 안보는 사이버 공간의 양분화를 촉진하고 있다. 사이버 안보의 기초는 더 많은, 적의 접근이 어려운 독자적인 시스템을 확보하고, 적의 위성통신시스템을 무력화하는 것이 핵심이다. 여기에 양자(Quantum) 역학이 적용된 컴퓨터와 통신 기술은 판도라의 상자가 될 수 있다.

미래전은 핵무기가 아닌 극초음속 미사일, AI 로봇, 궁극적으로는 양자위성통신 기술을 누가 먼저 장악하느냐에 따라 승패가 가려진다. UN은 2025년을 '양자기술의 해'로 선포했다. 최근 미중 양국의 사활을 건 양자기술 혁신 노력은 세계를 놀라게 하고 있다.

중국은 2020년 말 양자컴퓨터의 시제품인 '주장(九章)'에 이어 2023년에는 '주장3'를 개발했다. 2024년에는 초전도 양자컴퓨터인 '오리진 손오공'을, 10월에는 세계 최초로 초소형 광양자컴퓨터를 선보였다. 2025년 3월 초 중국과학기술대학은 슈퍼컴퓨터보다 계산 속도가 1000조 배 빠른 105큐비트 초전도 양자컴퓨터(祖冲之-3호)를 개발했다. 구글이 작년 10월에 공개한 양자컴퓨터 '윌로'보다 연산 속도가 100배 빠르다. 중국은 강력한 국가 주도의 전략적 접근으로 미국과의 기술격차를 급속도로 줄이며, 연구와 특허 수에서 미국을 앞서고, 특히 양자통신 분야에서는 선도적 위치를 점하고 있다.

빅테크 기업들과 스타트업들의 경쟁과 혁신이 치열한 미국의 양자기술은 암호통신 분야를 제외하고 컴퓨팅과 센싱(감지) 분야에서는 중국을 앞서고 있으나 최근 컴퓨팅 분야에서 밀리기 시작했다. 중국의 추격은 조만간 모든 분야에서의 추월로 이어질 전망이다.

　미국은 구글과 IBM, 마이크로소프트, 인텔 같은 빅테크들이 양자컴퓨팅 연구를 선도하고 있다. 구글이 2024년 12월 개발한 양자컴퓨팅 칩 '윌로'는 성능 실험에서 현존하는 가장 빠른 슈퍼컴퓨터인 '프런티어'를 능가했다. 마이크로소프트는 2025년 2월 위상 초전도체를 사용한 양자칩 '마요라나 1'을 선보였다. 아마존도 자체 개발한 첫 양자컴퓨터용 칩 '오셀롯(Ocelot)'을 2월 27일 공개했다.

　2025년 초 중국의 알리바바가 2030년까지 1000큐비트 1의 양자컴퓨터를 개발한다는 계획을 밝히자 3월 20일, 미국의 엔비디아는 양자가속연구센터를 설립해 '양자 가속기'를 개발하겠다고 선언했다.[117]

　미국과 중국이 양자기술에 사활을 걸고 매달리는 이유는 국가안보와 직결되기 때문이다. 미래전은 AI와 양자과학이 융합된 첨단기술이 승패를 가를 것이다. 인간 병력의 피 한 방울을 흘리지 않고 전쟁이 끝난다. 일방의 인터넷과 GPS, 핵심 인공위성 통신 등이 작동이 멈추면서 조용히 승부가 가려질 것이다. 하늘 공간의 우주·사이버 시대를 잘 준비한 국가가 미래 국제질서를 주도하게 될 건데 미국을 추격하는 중국의 첨단기술 혁신은 만만치 않다. 2025년 초 현재 AI, 양자기술, 극초음속미사일, 우주개발 기술은 이미 미국을 앞서가고 있다.

117　양자컴퓨터의 실생활 상용화에는 수백만 큐비트 이상이 필요하다. 현재 '윌로'에 탑재된 큐비트 수는 105개다. 따라서 수백만 큐비트에 도달하는 데 얼마나 걸릴지는 예측하기 어렵다. 전문가들은 양자컴퓨팅이 실생활에 들어오기까진 10년 이상 걸릴 것으로 보고 있다.

02

지역 : 저무는 미국·유럽, 떠오르는 중국·아시아

중국 → 유럽 → 미국 → 아시아

변화하는 역사 속에서 인류는 지난 500여 년 동안 2차례 큰 권력의 이동을 경험했다. 17세기 산업혁명을 통해 힘을 키운 '유럽'은 19세기 말까지 세계를 지배했다. 20세기부터 현재까지는 '미국'이 지배하고 있다.

15세기 이후 세계는 권력의 상대적이고 절대적인 쇠퇴에 따라 새로운 패권질서가 세워졌다. 자연의 법칙처럼 신질서를 추구하는 국가가 등장하고 사라지는 역사를 반복해 왔다. 최근 서구 유럽의 약세는 날이 갈수록 두드러지고 있다. 미국도 21세기 들어 하락세를 지속하고 있다.

백 년의 승부는 이치에 달려 있다고 한다. 세계의 중심축이 서에서 동으로 이동 중이다. 500년 만에 다시 중국 중심의 아시아 시대가 다가오고 있다. 20세기가 미국의 시대였다면, 21세기는 중국의 도전에 미국이 응전하는 시대가 될 것이다.

가. 중국의 역사적 성취(15세기 이전)

문명이 태동한 이후 수천 년간 세계사의 중심축은 '중화문명'에 있었다. 중화문명은 세계에서 가장 생활 수준이 높은 문명을 이뤘다. 진시황부터 한 무제에 이르는 100여 년 동안 중국은 문자와 화폐, 도량형(度量衡)을 통일해 사용했다.[118] EU보다 무려 2000여 년 전에 중국에 단일 시장이 존재한 것이다.[119]

특히 5세기 서로마제국이 멸망하고 유럽이 잠자고 있던 14세기까지 중국은 서양보다도 훨씬 앞선 과학 전통을 가지고 있었다. 17세기 영국의 경험주의 철학자이자 과학자였던 프란시스 베이컨(1521년~1626년)은 서양을 근대 사회로 이끈 3대 발명품으로 나침반·인쇄술·화약을 꼽았다.

영국의 과학사회학자 조지프 니덤(1900년~1995년)도 『중국의 과학과 문명』에서 15세기 이전까지는 중국이 유럽을 앞선 과학기술 강국

---

118 파라그 카나 저·고영태 역, 『아시아가 바꿀 미래』, 동녘사이언스, 2021, p.71
119 다마키 도시아키 저·서수지 역, 『아시아가 세계를 제패하는 시대는 다시 오는가?』, 사람과 나무사이, 2022, p.71

이었다는 점을 실증했다. 중화문명은 유럽에서 대항해 시대가 본격적으로 시작된 15세기까지 순항했던 것이다.

반면에 유럽에 도시가 형성되기 시작한 때는 중세 초기 혼란기를 넘어 정치·경제적으로 안정된 9~10세기경이었다. 당나라의 수도 장안이 세계적인 도시가 될 무렵 로마를 둘러싼 유럽 대륙은 중세기의 우울하고 어두운 그림자로 가득 차 있었다. 가끔 한줄기 불빛이 번뜩였지만, 그것은 이교도를 불태우는 종교재판소의 화염일 뿐이었다.[120] 장원제 봉건제도하에서 도시가 발전한 14세기의 중세 유럽의 인구는 매우 적었다.

땅이 넓고 물산도 풍부한 중국은 필요한 것은 모두 갖고 있었다(地大物博, 應有盡有). 영토·인구 등 몸집도 크고 생산량도 많으니 규모의 경제가 가능했다. 중국이 지난 2000년 가운데 1800년 동안 세계의 국내총생산량(GDP) 중 어떤 서구 제국보다도 더 큰 몫을 담당했던 이유다. 1820년에 중국의 GDP는 세계의 30% 이상 차지했다. 유럽과 미국을 합한 것보다 더 많았다.[121]

13세기 중반과 초기의 중국을 처음 보았던 서구인들은 그 활력과 물질적 풍요로움에 놀랐다. 베네치아 출신 마르코 폴로는 남송의 수

---

120 헨리 키신저 지음·권기대 옮김, 앞의 책(2012), p.338
121 헨리 키신저 지음·권기대 옮김, 위의 책, p.32

도 임안을 돌아보고 『동방견문록』에 "이곳이 세상에서 가장 아름답고, 가장 고귀한 도시라는 데 의문의 여지가 없다"고 적었다.

18세기 중반 프랑스 정치경제학자 프랑수아 케네는 "이 나라는 여태껏 세상에 알려진 모든 왕국 중에서 가장 아름답고, 가장 인구가 많으며, 가장 활기에 넘친다는 데 이의를 달 사람은 없을 것 같다"고 전했다.

명나라의 영락제 때(1402년~1424년) 동남아시아와 인도, 페르시아만을 거쳐 아프리카까지 진출한 정화(鄭和)의 대항해는 당시 중국이 세계에서 가장 강력한 제국이었음을 말한다. 모든 면에서 유럽보다 앞섰던 중국은 15세기부터 유럽에 뒤지게 된다. 여러 이유들이 있었다.

첫째, 중국은 우물 안의 개구리였다. 광대한 영토는 그 자체가 하나의 세계였다. 중국 황제는 하늘 아래 모든 것을 다스리는 천자로 여겨졌다. 중국문화는 수천 년 동안 비교될 만한 문명을 만난 적이 없었다. 물산이 풍부해 자급자족이 가능하니 대외 팽창의 동인도 약했다. 또 실크로드가 있었지만 넘기 어려운 큰 산맥과 고원, 거대한 사막들은 중국을 격리시켰다. 이런 연유 등으로 중국 황제의 영토에 관한 관심은 대륙 안에 국한되었다. 특히 고전 문명이 단절되지 않았으니 유럽의 중세기와 이후 문예부흥과 같은 환호와 경이,

그리고 격동이 없었다.[122]

둘째, 중국은 진리와 과학의 정신이 부족했다. 유가사상은 2000여 년 동안 인의(仁義)와 충효, 천하의 위계질서를 강조했다. 중국인들이 발명한 놀라운 과학기술 중에 중국 사회 전반에 변혁을 가져온 것은 하나도 없었다. 중국 현대문학의 대표 작가 뤼쉰은 『광인 일기(1918)』에서 말한다. "외국은 화약으로 포탄을 만들어 적을 방어하는데, 중국은 여전히 폭죽을 터뜨리며 귀신을 섬기고 있다. 또 외국은 나침반을 가지고 항해하는데, 중국은 풍수나 살피고 있다"고.

셋째, 체면을 중시한 비과학적인 중화 인문주의가 있다. 중국은 전통적으로 문관이 지배하는 사회였다. 글과 철학을 숭상하는 사회에서 과학기술의 발전은 중요하지 않았다. 게다가 중국의 지배층은 오만했다. 중국이 세상의 중심이고, 가장 크고, 강한 국가이니 바다를 건너 멀리 나갈 필요도 없었다. 과학기술을 이용, 무기를 개발해 다른 국가를 제압할 필요도 느끼지 못했다.[123]

중국이 낙후된 또 다른 근본 원인은 과학기술에 대한 위정자들의 무관심이다. 수많은 천재적 과학자들이 태어나 혁신적 기술들을 발명해도 정치적 관심과 지원이 없었다. 과학의 응용·발전을 기대할

---

122 위치우이 지음·심규호, 유소영 옮김, 앞의 책, p.140
123 박성래, "재미있는 과학 이야기", 『서해문집』, 1998, ISBN 89-7483-104-X

수 없었다. 또 위계적인 중국 사회에서는 이윤과 무역에 대한 경시, 통제만 고집하는 지배층, 관료들의 관습적인 수탈이 지배했다. 자본 축적과 이윤 추구가 발전의 원동력인데, 부패한 관료들이 대부분의 이윤을 착취해 자본 축적의 기회를 봉쇄했다. 질서와 조화를 중시하는 가부장적 국가사회에서는 자본주의 산업기반이 형성될 수 없었다.[124]

결국, 중국의 쇠락에는 유교사상이 크게 작용했다. 중앙집권을 위한 유학의 국교화는 교활하고 완벽했다. 그 폐해가 2000여 년 동안 계속되는 가운데 그 어떠한 개혁의 시도도 성공할 수 없었다. 19세기 후반 중국이 청일전쟁에서 패배하고 20세기 초 제국주의의 침략을 당한 후 양무운동과 변법자강운동도 실패했다.

신중국을 수립한 마오쩌둥은 문화대혁명을 통해 유가사상의 말살(폐해 근절)을 기도했다. 마오쩌둥의 대혁명도 실패했다. 하지만 이는 덩샤오핑의 개혁·개방과 시진핑의 '중국판 르네상스'(중화민족의 위대한 부흥= 중국몽 추구)의 기반이 되었다. 지금까지 마오쩌둥의 초상화가 천안문광장 벽에 걸려있고, 모든 지폐에 그의 초상화가 새겨져 있는 이유가 여기에 있다. 대실패가 대성공을 낳은 것이다.

---

124 소준섭, 앞의 책, p. 229; 유재광, 조은교, "중국의 미래, 2030 −정치, 경제, 대외관계의 미래를 중심으로", 국회미래연구원 연구보고서 20-12호, 2020. 12. 31, p.45

나. 세계의 서구화 시대를 연 유럽(16세기~20세기 중반)

1453년, 오스만투르크 제국이 동로마 비잔틴 제국의 수도 콘스탄티노폴리스를 함락한 것은 1000년 중세 시대의 종언이었다. 이후 유럽은 꾸준히 성장했다. 14세기~16세기의 르네상스 이후 지적 탐구에 대한 열망은 과학기술의 발전과 산업혁명의 토양이 되었다. 15세기 포르투갈의 신항로 개척 이후 서구의 여러 제국이 세계 각 지역을 지배하기 시작했다. 세계는 서구화는 유럽의 시대를 열었다.

서구 유럽 제국의 흥망

근·현대 시기, 유럽을 중심으로 한 국제체제에서 최초의 세력전이는 패권국으로 볼 수 있는 이탈리아 지역 베니스(베네치아)에서 시작되었다.[125] 1415년, 포르투갈의 항해왕 엔히크는 바다로 나가 아프리카 대륙 북부의 세우타를 획득했다. 유럽이 최초로 획득한 유럽 밖의 식민지는 유럽 제국주의의 시작이었다.

유럽은 바닷길을 통해 바깥 세계에 진출해 경제력에서 아시아보다 앞서는 계기를 마련했다. 유럽인은 배를 타고 아시아로 항해해 상품을 수입했다. 시간이 지나자 아시아에 상품을 수출하게 되었다.[126]

---

125 Michael D Swaine/Ashley J. Tellis 공저·이흥균 역, 『中國의 大戰略 – 과거·현재·미래』, 한국해양전략연구소, 2007, p.329
126 다마키 도시아키 저/서수지 역, 앞의 책, pp.140~141

모든 서구 제국은 평균적으로 약 250년에 걸쳐 개척, 정복, 교역, 풍요, 융성, 타락, 붕괴 등의 7단계를 거쳤다. 서구 제국의 흥망성쇠와 제국 간의 세력전이가 보여주고 있는 특징은 아래와 같다.

첫째, 강대국들은 각기 다른 동력으로 성장했다. 스페인의 내부 정치 통합, 포르투갈의 항해술 발달, 영국의 안정적인 해외 식민지 획득, 독일의 빠른 경제 성장, 미국의 경제력·군사력 신장 등이 그것이다.

둘째, 신흥 국가는 패권국이 주도하는 국제질서를 수용하거나 그 질서에 순응하지 않았다. 세력전이가 진행되는 시기에 모두 패권전쟁이 있었다. 전쟁은 주로 도전국보다 패권국에 의한 선제공격이나 예방전쟁의 형태로 시작되었다. 서구 패권은 아래 〈표-13〉에서 보듯, 주로 기존 세계질서가 무너지는 시기에 전쟁을 통해 확립되었다.

〈표-13〉 15세기 이후 서구 패권의 이동과 전쟁

세계 지도국	부상한 강대국	도전국 움직임	경쟁의 결과
베니스 (중세~1494)	스페인·프랑스	이탈리아를 둘러싼 불시 전쟁	베니스 몰락, 포르투갈 부상
포르투갈 (1517~1580)	스페인	스페인, 포르투갈 침공	스페인 전쟁 (1585~1608)
네덜란드 (1609~1713)	프랑스·영국	프랑스, 독일·스페인 침공	루이 14세 전쟁 (1689~17130)

영국 (1714~1815)	프랑스	프랑스, 유럽 상대 전쟁	나폴레옹 전쟁 (1793~1815)
영국 (1816~1918)	독일·미국·러시아	독일, 유럽 지배 시도	제1차 세계대전 (1914~1918)
영국 (1918~1945)	독·일·소·미	독, 일, 유럽·태평양 공격	제2차 세계대전 (1939~1945)

* 출처: Modelski(1987), Long Cycle of World Politics, Seattle: University of Washington Press. 콜린 플린트 지음·한국지정학연구회 옮김, 『지정학이란 무엇인가』, 도서출판 길, 2006, p. 73 표와 Michael D Swaine/Ashley J. Tellis 공저·이홍균 역, 『中國의 大戰略』, 한국해양전략연구소, 2007, P. 328 등을 참고.

셋째, 세력전이는 패권전쟁의 결과로 현존의 패권국이 회복 불가능한 수준까지 약화되면서 나타났다. 네덜란드는 프랑스의 공세를 물리쳤으나 그 부담으로 패권을 영국으로 넘길 수밖에 없었다. 영국은 프랑스와 독일의 도전을 물리치면서 패권을 유지하다 2차 대전에서 미·소의 도움으로 독일과 일본의 공격을 막아냈으나 국력이 바닥났다. 패권을 미국에 넘길 수밖에 없었다.

유럽의 세계 지배 동력

유럽 제국은 근대 세계사의 중심에 있었다. 근 5백 년 동안 세계 패권을 차지했다. **가장 큰 동력은 과학기술의 발전이었다.** 과학은 다양한 의견을 수용하는 포용성 속에서 발전할 수 있다. 과학적 사고가 널리 퍼져 있어야 문명이 발달한다. 유럽에서 네덜란드와 영국이 프랑스와 독일을 치고 나간 것도 같은 이유다.

둘째는 과학기술을 이용한 대외 팽창과 착취로 인한 부의 축적이다. 유럽은 스스로 세계 탐험을 시작했다. 국내 시장이 협소하고 물질적 자원이 빈약해 해외 진출이 필요했다. 서구 제국들은 발견 또는 점령하는 나라가 그 지역의 모든 것은 가진다는 '발견자우선주의'와 '점령지주의'를 '규칙기반질서'로 삼았다. 침략과 약탈을 통해 전 세계에 자신들의 문화와 관습, 가치를 퍼뜨렸다. 식민지를 경영하며 부를 축적했다. 서구 열강 대부분은 이 시기에 황금기를 보냈다.

셋째는 유럽이 크게 번영할 수 있었던 사상·제도들이 있었다. 자유 경쟁, 과학 혁명, 사유재산권 등이 그것이다. 근대화 과정에서 중상주의의 역할도 르네상스, 신항로 개척과 신대륙 발견, 종교개혁, 산업혁명, 정치혁명 등 잘 알려진 역사적 사건에 뒤지지 않는다. 네덜란드 제국 이후 유럽 국가들이 채택한 중상주의는 새로운 가치를 국가가 강력한 정책으로 뒷받침하면서 근대화를 견인했다.

강한 자가 항상 강하지만은 않았다. 유럽의 위상은 1차 대전 이후 서서히 떨어지기 시작하다 1945년 이후 추락하기 시작했다. 유럽의 마지막 제국인 영국의 패권은 근 200년 만인 2차 대전 후 미국에 평화적으로 이양되었다.

점차 가난해지고 있는 유럽

부자는 망해도 3년 먹을 것이 있다는 말이 있다. 2차 대전 후 유럽은 1, 2차 세계대전의 반성 속에서 과거 극복과 다자 안보, 독일 문제 해결, 지역 협력 등을 제도화했다. 1950~1970년대는 경제 부흥을 위해 석탄철강공동체(ECSC)와 경제공동체(EEC), 원자력공동체(Euratom)를 운영했다. 1980년대에는 경제적 통합을 넘어 정치적 통합과 단일통화 도입을 추진했다. 이 토대 위에서 유럽은 1991년 마스트리히트 조약을 통해 근대 이후 최초로 지역의 평화와 통합(EU)을 달성하면서 선진국의 위상을 유지할 수 있었다.[127]

그럼에도 유럽은 옛 영광을 뒤로하고 지속적으로 쇠락해 갔다. 중요한 원인은 현대에 들어서 중요한 시장과 자원 획득이 가능했던 전쟁과 약탈, 식민지 지배가 불가능해졌기 때문이다.[128] 식민지배의 변형인 신식민지주의도 여의치 않으니 신사들에게는 마땅한 방법이 없게 된 것이다.

미국의 세계 패권 전략도 중요한 요인으로 작용했다. 2차 대전 후 미국은 서구 열강의 제국주의를 거부하고, 제국 식민지의 민족자결주의를 대외정책으로 삼아 유럽의 쇠락을 유도했다. 탈냉전 시대를 연 1991년 구소련의 붕괴는 사실상 유럽 시대가 막을 내린 해였다.

---

127 김남국 외, 『유럽의 역사 화해와 지역 협력』, 이학사, 2019 참조.
128 조지 프리드먼 지음·홍지수 옮김, 『다가오는 유럽의 위기와 지정학』, 김앤김북스, 2020 참조.

500년 동안 세계를 지배한 유럽의 가장 유력한 강대국인 소련이 사라졌다.

유럽의 경제는 2008년 금융위기의 후폭풍과 2011년 유로존 위기 때부터 10년 넘게 하락세를 이어가고 있다. 이탈리아, 포르투갈, 그리스 등 재정이 좋지 않은 남부 유럽은 물론 최근에는 독일과 영국, 프랑스 등 기존 경제대국의 사정도 어렵다.

유럽의 지속적인 쇠락은 단기적 현상이 아닌 장기적이고 구조적인 것이다. 물가 급등 + 임금 정체 → 구매력 하락 → 내수 침체 → 실업 → 구매력 하락 → 기업 실적 악화 → 임금 정체 등의 악순환 고리가 고착화돼 부흥이 쉽지 않다.

2023년 7월 17일, 미국의 월스트리트저널(WSJ)은 "유럽이 경기침체에 빠졌다. 경제적·정치적·군사적으로 쇠퇴하기 시작했다."라고 보도했다. 유럽은 오랫동안 인구 고령화로 생산성이 하락했는데, 코로나19 팬데믹, 우크라이나 전쟁 등으로 물가가 상승하고 임금이 하락해 고충을 겪고 있다는 것이었다.

유럽 경제의 버팀목이었던 독일의 경제도 침체를 면치 못하고 있다. 2024년 연간 GDP 성장률은 0.1% 저성장이다. IMF는 그 원인으로 높은 대 중국 의존도, 우크라이나 전쟁으로 인한 에너지 위기, 전기차 시대에 주력 산업인 자동차 산업의 경쟁력 악화 등을 지적했다. 독일과 함께 EU의 엔진 역할을 해 온 프랑스도 2024년의 재정 적자가 GDP의 6%에 달했다.

유럽의 경제난은 정치사회적 혼란을 동반하고 있다. 영국에서는 아동들의 1/3이 빈곤선 아래서 생활 중이고, 프랑스인들은 와인을 줄이고 있으며, 스페인은 올리브 오일 소비가 감소 추세에 있다. 지난 15년간 미국의 GDP가 82% 성장하는 동안 유럽은 6% 성장했다.

세계를 지배한 유럽이 경험하지 못한 현실에 직면해 빛을 잃고 있다. 우크라이나 전쟁 등으로 러시아와의 경제 협력이 어렵게 된 유럽은 미국의 돌변으로 재무장의 과제를 안게 되었다. 중국의 강화된 첨단산업 경쟁력도 세계 시장에서 유럽의 입지를 위협하고 있다.[129] 2023년 7월 개최한 나토 정상회담에서 회원국 정상들은 동 회담에 참석한 윤석열 대통령에게 일제히 한국이 우크라이나를 도와달라고 간청했다. 탈아입미(脫亞入美)도 모자라 탈아입구(脫亞入歐)까지 한 한국이 국제 호구여서 그런지 모르지만 말이다.

부메랑이 된 과거 대외 부정의

최근 유럽 국가들이 쇠퇴하면서 나타나는 전례 없는 현상이 하나 있다. 과거 서구 패권 제국들의 대외 부정의에 대한 피식민지배 지역 국민들의 사과와 배상 요구가 그것이다. 서구 제국이 저지른 원주민

---

[129] 김정섭, "자유주의 패권의 종말: 미-러 종전 협상의 전망과 함의", 세종포커스, 2025.2.28, pp.2-3

노예 매매, 대량 학살, 식민지배와 잔재 등에 대한 당시 피지배 국민들의 정치적 각성은 봇물이 될 조짐이다.

 2023년 5월 4일, 영국 일간지 가디언에 따르면 영연방 12개국의 원주민들은 대관식을 앞둔 찰스 3세 영국 국왕에게 '사과, 배상, 유물과 유해의 반환'이라는 제목의 서한을 보냈다.

 네덜란드 국왕은 2023년 7월 1일, 17~19세기에 자행한 노예제에 대해 처음으로 공식적으로 사과했다. 그는 노예제 폐지 150주년 기념식 연설에서 "오라녜 왕가의 군주와 통치자들은 그것에 반대하는 조치를 취하지 않았다. 오늘 나는 당시의 명백한 행동에 용서를 구한다."라고 말했다.

 미국의 명문 사학 하버드대 등 여러 대학도 역사 바로 세우기에 참여하고 있다. 하버드대는 대학 설립자가 노예 제도에 연루된 부끄러운 역사를 반성하면서 역사를 바로잡기 위한 다양한 프로그램을 운영하고 있다.

 영국의 「가디언」지도 설립자가 연루된 200년 전의 반인륜 범죄인 대서양 노예 무역을 사과했다. 향후 '10년 회복적 정의 프로그램'도 운영하기로 했다. 이외에 아프리카와 중남미, 호주에서도 과거 서구 제국주의 국가들이 저지른 잘못된 역사의 청산을 요구하고 있다. 특히 최근 아프리카에서 일고 있는 자유·독립과 자원 국유화, 불평등 계약 재협상 등 정의를 바로 세우려는 움직임은 새로운 아프리카 시대를 열 전망이다. 식민잔재 청산을 통해 역사와 정의를 바로 세우려는 목소리가 커져 가는 것이다.

불현듯, 국민들이 이전과 같이 잘살 수 없게 된 영국과 파리의 지하철이 깨끗하지 않은 프랑스의 미래가 궁금해진다. 제국주의 시대에 자국이 경영한 식민지에서 약탈한 장물들을 진열하고 있는 대영박물관과 루브르박물관이 언제까지 문을 열 수 있을까?

다. 저물어 가는 미국(20세기 중후반 이후~현재)

미국의 영광과 쇠락

1776년 13개 영국 식민지에서 출범한 미국은 1945년 이후 세계의 지배적인 패권국으로 군림했다. 탈냉전 이후 단극 패권국이 된 미국의 초강대국 지위는 로마제국 이후 서구에서 볼 수 없었던 것이었다. 미국은 아메리칸 드림으로 상징되는 역사상 최고의 영광과 선진 문명을 이뤘다. 새로운 국제질서를 구축해 수억 명을 가난에서 벗어나게 하고, 기술 혁명으로 세계의 평화와 번영을 도모했다.

과거의 로마처럼 거의 모든 것이 미국으로 통했다. 정치·경제·군사뿐만 아니라 문화 면에서도 압도적인 세계 1위의 나라였다. 미국이 강력하고 위대한 나라로 존경받게 된 중요한 동력은 개방과 관용, 국제법과 도덕적 이상에 기초한 국제주의였다. 아메리칸 드림은 지구촌 모든 나라의 이상이고 동경의 대상이었다. 자유와 변경의 신화는 미국이 예외주의적인 패권국이 된 큰 명분이자 원동력이었다.

이런 미 제국이 21세기 들어 흔들리기 시작했다. 고대 그리스의 아테네와 로마제국을 사실상 재현해 역사상 최고의 영광과 문명을 건설했던 미 제국 역시 자연의 이치를 피할 수 없었다. 21세기 들어 아테네·로마제국의 몰락 과정에서 나타난 현상과 유사한 징후들이 뚜렷하다.

모든 패권 제국은 정상의 극에 달한 후 내려오는 길만 있었다. 무엇보다 미중 패권전쟁은 미국이 쇠퇴하고, 위상도 추락하며, 미국 시대가 저물고 있다는 명백한 표지이다. 2020년 코로나19 팬데믹이 내보인 미국의 민낯과 치부는 우리가 아는 미국은 없다는 사실을 보여 주었다.

몰락을 재촉하는 '미국병'

미중 패권전쟁의 주원인으로는 미국의 쇠락과 중국의 도전적 부상에 따른 미국의 두려움과 공포라는 평가가 일반적이다. 필자는 더욱 근본적인 원인이 있다고 보는데 그것은 '미국병'이다. 앞서 필자는 그리스 아테네와 로마제국의 가장 근본적인 몰락의 원인이 그들의 대외 부정의에서 비롯되었다고 강조했다.

필자가 처음으로 명명하고 거론하는 미국병은 미 제국이 '신자유주의·세계화'라는 이름으로 저지른 대외 부정의가 초래한 대내 부정의들을 말한다. 미국인들의 영혼이 부패하고 타락하면서 나타난 제조업 공동화(실업률 증가)와 불평등, 양극화 등이 야기하는 각종 정치·경제·사회 문제가 그것이다.

사실 미국은 2008년 세계금융위기 이후 자체의 부검의(최고의 전문가)들로부터 수차례 사망 선고를 받았다. 많은 전문의들이 미국병의 원인을 진단하고 처방전도 내놓았다. 그럼에도 지난 17년 동안 병은 조금도 나아지지 않았다. 복잡하고 구조적인 원인들이 작용하고 있는 고질의 기저질환이기 때문이다.

이 지병보다도 더 무서운 병은 미국이 몰락하고 있다는 사실을 애써 거부하면서 병에 걸려 있다는 사실을 인정조차 않으려는 것이다. 동맹의 신화에 가스라이팅된 한국인들 대부분도 미국이 병에 걸려 시름하고 있다는 현실을 잘 인정하지 않는다.

2025년 1월 1일, 미국 네바다주 라스베이거스에서 발생한 차량 폭발 용의자는 전설적인 미 육군 특수부대 그린베레(Green Berret) 소속 부사관 매슈 리벨스버거였다. 2006년부터 수많은 해외 복무 과정에서 얻은 PTSD(외상후스트레스) 환자였던 그가 자살 전에 남긴 문자 메시지에는 미국병의 현주소가 있다.

"국가가 불치병에 걸려 붕괴로 향하고 있다. 이것은 테러 공격이 아니다. 경종을 울리기 위한 것이다."

심각한 상태임에도 모두가 주의하지 않고 있는 미국병은 미국의 재건 여부는 물론 미중 패권전쟁의 전개와 그 결과에 지대한 영향을 미치는 핵심 요인이다. 중환자인 미국은 물론 지구촌 전체가 그로 인해 몸살을 앓고 있다. 미국의 장래와 미중 패권전쟁의 향방을 결정할 미국병을 모르고 미국과 미중 관계를 이해할 수 없다.

이와 관련 관심사는 ① 누가, 왜 자신의 조국인 미국에 사망 선고를 내렸는가? ② 전문의들의 미국병 진단·처방전은 어떤 내용을 담고 있나? ③ 과연 미국이 사활을 건 위험 기간으로 설정한 10년 (2021년~2030년) 안에 이 병을 치유하고 재건할 수 있을까 하는 문제일 것이다.

전문가들의 미국 사망 선고

21세기 들어 미국이 몰락했다는 사망 선고는 미국 내에서, 미국을 가장 잘 아는 지식인들이자 전략가들의 충정에서 나왔다. 미국병은 코로나19와 같이 외부에서 침투한 바이러스에 의한 것이 아니었다. 탈냉전 후 단극 패권국이 된 미 제국의 오만과 예외주의, 부패한 미국식 민주주의가 초래한 것이었다.

미국 패권 질서의 핵심인 신자유주의·세계화는 성장의 둔화와 불평등·양극화, 정치 불안을 초래해 2008년 미국발 세계금융위기를 유발했다. 이후 국제사회의 일각에서는 미국 패권의 조종을 울리는 경고가 잇따랐다.

말. 말. 말
"워싱턴 컨센서스는 끝났다" (2009.4, 브라운 전 영국총리)
"미국 자본주의가 벼랑 끝에 섰다" (2011.10, 미어샤이머)
"미국은 빚으로 연명하는 파산국가" (2011.3 마하티르 전 말레지아총리)
"미국 달러화는 세계경제의 기생충" (2011.10.12, 푸틴 러시아총리)

□ 많은 유력기관. 전문가들은 미국 국력의 쇠락 추세를 전망

기관·인사	예측 내용	일시
NIC(美정보위)	△ 미국 주도 국제시스템은 2025년 힘을 발휘 못할 것	2008
골드만삭스	△ 중국의 경제 규모가 2027년 미국을 추월 * 2003년도에는 2041년 추월할 것으로 예상	2009
NYT	△ 미. 일 등 선진국의 국가부채가 눈덩이처럼 증가	2011.1.27
IMF	△ 2016년 중국의 구매력 기준 GDP가 미국을 추월	2011
맨큐	△ 그리스와 같은 재정위기에 처하는 것은 시간문제	2011.10.10

* S&P: 신용평가사로서는 처음으로 미국 신용등급 하향 조정(2011.4.18)

□ 역사적. 이론적 측면에서 패권의 몰락은 시간. 방법의 문제?

* 출처: 문대근, "미중 관계 변화와 한반도 정세", 장로교신학대학 통일선교원 PPT 강의자료, 2012. 3. 6., p. 20~21

당시 미국이 죽었다는 사망 선고와 경고들은 남북한 통일 업무를 담당하는 필자에게 큰 충격이었다. 한반도 상황을 규정하는 핵심 변수가 미국과 미중 관계였기 때문이다. 2011년 말부터 필자의 대외

강의·강연 주제는 '미중 관계의 변화와 한반도 정세'였다. 당시의 위의 PPT 자료와 같이 강연은 미국과 미중 관계의 변화를 예측하고, 동아시아 한반도 정세에 미칠 영향을 살피는 것이었다.

당시에도 미국 상황을 비판적으로 보는 저명인사들의 말들이 많았다. 유력 기관과 전문가들은 미국의 쇠락과 중국의 부상으로 미국 패권이 몰락할 것이라는 예측을 앞다퉈 내놓았다. 특히 미국 내 저명한 전략가들인 후쿠야마와 브레진스키, 하스는 자신의 이름을 걸고 미국병을 진단한 후 사실상 미국 사망 선고를 내렸다.

먼저, '역사의 종언'으로 유명한 후쿠야마는 2008년 10월 「뉴스위크」지에 실은 기고문 '미국 주식회사의 몰락'에서 '미국의 종언'을 선언했다. 미국의 분열·쇠퇴를 한탄한 그는 미국은 탈냉전 후 얻은 단극 패권의 지배적 힘을 일방주의로 낭비해 미국식 자본주의와 자유민주주의가 붕괴했다고 일갈했다. 3년 후인 2011년 1월 파이낸셜 타임지(FT) 기고문에서는 미국의 침체와 중국의 상승세를 거론했다.[130]

"중국인들은 금융위기를 통해 중국식 체제가 경제적 효율성과 사회적 책임이라는 면에서 우수함을 증명했다. 이는 미국식 자유주의가 더 이상 지배적인 원리가 아닌 새로운 시대의 도래를 의미한다."

---

130 FT지, "Democracy in America has less then ever to teach China", 2011. 1. 17.

미국의 저명한 국가안보 전략가로 전 백악관 국가안보보좌관, 외교협회(CFR) 책임자, 오바마 대통령의 외교정책 고문역을 지낸 브레진스키는 그의 저서 『전략적 비전(2012)』에서 미국의 쇠퇴와 위기의 원인을 제시했다. 그는 미국인 최초로 미국병의 원인을 아주 솔직하고 정확하게 제시한 전문가였다. 그가 진단한 미국병의 주원인은 아래와 같다.

① 주요 정책의 수정이 어려운 정치시스템, 민주주의 기능부전
② 20년 중동전쟁 등에서 군사비의 과다 지출
③ 첨단기술 혁신 저조와 경제침체에 따른 국민의 삶의 질 저하
④ 무엇보다 부시의 제국주의적 욕망에 따른 비이성적이고 자기 파괴적인 무소불위의 대외정책과 출혈 등

그는 이 원인들이 2008년 이후 미국의 재정·금융위기를 초래한 것으로 분석했다. 그는 21세기 초의 미국은 20세기 말 붕괴 직전의 구소련과 놀랄 만한 유사성이 존재한다고 경고했다.[131]

미중 패권전쟁 시작 직전인 2018년 3월 21일, 그동안 미국의 패권 전략을 수립해 온 핵심 싱크탱크인 미 외교협회(CFR)의 리처드 하스

---

131 즈비그뉴 브레진스키 지음·황성돈 옮김, 『전략적 비전』, 아산정책연구원, 2016, p.62

회장은 "자유주의 세계질서의 죽음"이라는 글을 발표했다. 그는 이 글에서 미국의 "자유주의 세계질서는 자유주의도, 세계적이지도, 질서도 아니다"고 선언했다. 볼테르가 몰락하던 신성 로마제국은 "거룩하지도 않고, 로마답지도 않으며, 제국도 아니다"고 썼듯이. 그는 당시 트럼프의 미국 우선주의와 미국의 쇠락이 자유주의 세계 질서를 약화시키고 있다고 한탄했다.

CFR이 발간하는 '포린어페어스' 저널도 2019년 8월 특집호에서 "이제 미국의 쇠퇴는 불가피하다."고 선언했다. 이 저널은 "미국의 세기는 어떻게 되었는가?"라고 묻고, 쇠퇴의 원인을 제시했다.[132] 첫째는 미국의 군사비 과다 지출이다. 지난 20년 동안 테러와의 전쟁에서 미국이 국력을 남용하는 사이에 중국이 부상하고, 미국민은 군사 개입과 자원 낭비에 극도의 피로감을 느끼고 있다는 것이었다. 둘째는 신자유주의·세계화가 초래한 경제 양극화 심화와 국민 분열이다. 세계화는 미국 전반에 경제적 이득을 가져왔으나, 이른바 '쇠락한 공업 지역(Rust Belt: 녹슨 낙후 지대)'의 저학력층 백인은 혜택을 받지 못하고, 소득 수준이 낮아지는 결과를 낳았다. 제조업 공동화로 백인중산층이 무너진 것이다. 셋째는 미국 정치시스템의 '기능 장애'다. 미국 정부는 더 이상 국민에게 적절한 공공재를 제공하지 못한다는 것이다. 입법·사법·행정체계는 모두 심각한 당파성과 편 가

---

132 Gideon Rose, "What Happened to the American Century," Foreign Affairs 98, No. 4, 2019.

르기 등으로 고장 나고 무너져 있다는 것이었다.

위 진단보다 더 정확한 미국병 진단 전문의는 2020년에 발생한 코로나19 팬데믹이었다. 코로나19 바이러스는 무너진 미 제국의 실체를 가장 적나라하게 해부한 부검의였다. 코로나19가 드러낸 미국 기저질환의 민낯과 치부는 이미 무너지고 고장 난 정치·행정 시스템으로 미국이 '몰락했다'는 사실을 만천하에 고했다. 미국이 세계 최고의 선진국, 세계의 중심이 아니란 사실을 확인해 준 것이다.

코로나19가 한창 유행일 때인 2020년 7월 26일, 미국 워싱턴포스트(WP)지는 "코로나19는 그저 가까이 있거나 공기 중의 침방울로 전염되는 게 아니다. 그것은 미국의 주택·보험·교통·임금·보육·식량·안보의 불평등을 먹고 자라났다. 우리의 지금 실패는 이전의 실패에서 발원한 것이다."라고 지적했다.

그즈음에 더 솔직한 고백이 하나 있었다. 미국의 저명한 칼럼니스트 조지 팩커는 월간 '애틀랜틱' 6월호에 "우리는 실패한 국가에 살고 있다. 미국은 코로나19로 무너진 것이 아니다"는 칼럼을 실었다. 그는 미국 사회가 오랫동안 방치된 기저질환 상태에서 바이러스의 침입을 맞아 무너졌다고 진단했다. 부패한 정치, 융통성 없는 관료주의, 활기를 잃은 경제, 반목하는 시민들에 분열을 부추기는 트럼프류의 정치가 더해지면서 이미 무너지고 고장 난 시스템이 팬데믹을 맞아 드러났을 뿐이라고 지적한 것이다.

 탈냉전 이후 미국은 신자유주의·세계화를 추진하는 가운데 '힘이 곧 정의'라는 주장에 은연중 동의했다. 힘을 통한 일방주의적인 대외 정책을 추진하는 과정에서 저지른 수많은 대외 부정의가 대내 부정의를 만연시키면서 국가와 패권의 몰락을 가져온 것이다.
 실물경제 대신 가상경제로 먹고사는 길인 미국의 '신자유주의·세계화'는 사실 선행(善行) 같은 명분을 앞세우고 교묘한 약탈, 강도짓을 일삼는 것이었다. 한국에서 미국 사모펀드 론스타사의 외환은행 인수·매각(2003년~2012년 4조 원 수익 + 2800억 손해배상액)은 빙산의 일각이었다.

 그리스 아테네와 로마제국은 물론 16세기 이후 서구 열강의 모든 제국주의 권력은 절대 부패하고 타락해 일하지 않고, 잘 먹고, 잘 살 수 있는 방법을 궁리했다. 그들은 신의 섭리이고, 자유·정의라고 믿은 대외 침략과 식민지 경영을 통해 약탈을 일삼았다.
 현재 미국병은 그리스·로마 등 서구 제국의 몰락 과정에서 나타난 징후들과 유사하다. 그때와 다른 점이 있다면 이제 국제사회가 제국의 침략과 약탈을 용납하지 않는다는 것이다. 세계 시민들의 정치적 각성과 저항 등으로 이전과 같은 대외 부정의가 쉽지 않은 것이다.

각계 전문가들의 미국병 진단·처방

탈냉전 후 미국 패권의 목표는 미국식 자유 민주주의 전 지구적 확산이었다. 부시 정부의 제국적이고 군사적인 일방주의는 2001년 이라크 침공과 아프간 참전, 2008년 금융위기와 대침체를 초래했다. 오바마 정부는 이라크 전쟁의 종식과 경제 재건, 다자주의로의 선회를 통해 미국 패권의 재건을 시도했다.

하지만 미국 정치의 양극화와 기능 부전, 경제적 불평등 심화, 백인 인구 감소 추세는 심화될 뿐이었다. 이를 배경으로 한 인종적·문화적 반감이 맞물리고 증폭되면서 대침체를 가져왔다. 이의 정치적 후폭풍은 2016년 미국 대선에서 미국의 기존 문법을 모두 부정하는 트럼프의 승리로 이어졌다.

오바마의 '재건과 믿음', 트럼프의 '다시 위대하게'는 곧 미국의 몰락을 전제한 언술이었다. 바이든의 '더 나은 재건'은 트럼프의 '다시 위대한 미국'의 연장선에 있었다. 2024년 트럼프의 재선은 나아지지 않는 조국에 대한 미국인들의 부정적 평가의 결과였다. 미국의 정치는 자국 몰락의 명백한 전조인 미국병의 실태를 외면하고 재건을 외치고 있다.

2024년 11월에 재선된 트럼프는 미국병의 심각성을 더는 외면할 수 없다. 그의 많은 지지자들은 미국병으로 고통받는 사람들이다. 이에 트럼프는 '모든 것을 때려 부수는 혁신가'로 평가받는 머스크를 앞세워 대대적인 수술을 예고하고 있다. 그러나 그는 여전히 심각한 미국병의 하나인 미국 우선주의와 일방적인 예외주의를 버리지 못하고 있다. 미국의 어려움을 세계경제의 발전을 견인해 온 자유무역과 중국 등 세계 탓으로 돌리고 더 강력한 관세폭탄을 터뜨리고 있다.

　미국의 쇠락과 몰락은 고질적인 미국병 때문이다. 오바마 이후 모든 정부의 재활 노력에도 불구하고 치유되지 않고, 점점 더 악화하고 있다. 왜 그럴까? 아래 〈표-14〉 미국 내의 저명한 지식인, 전문가들이 내놓은 미국병 진단·처방전에 그 문제와 답이 들어 있다.

〈표-14〉 미국 저명인사들의 미국병 진단·처방

인사명	병의 원인 진단	처방전
브레진스키 (국가 안보 전략가)	정책 수정의 어려움, 군사비 과다, 혁신 저조, 경제 침체, 잘못된 대외정책	서→동으로 이동하는 지정학적 전망을 인정하고 역사의 교훈 기억
하스 (외교협회 회장)	과도한 개입 실패, 신자유주의·세계화의 환상, 민주정치의 기능 부전	불가피한 패권 쇠퇴 관리가 최선, 역외 균형, 망가진 민주주의 복원
닐 퍼거슨 (역사학자)	미국의 쇠락은 독일을 저지하다 급속히 쇠망한 대영제국의 과오와 유사	중국과 협력·공존 추구

키신저 (국가 안보 전략가)	미국이 세계를 이끄는 무소불위 국가라는 '예외주의'	부상하는 중국 관리, 상호 보완적 이해를 찾아 공존
디턴 (노벨 경제학상 수상자)	능력주의와 교육 양극화, 빈곤, 실업, 경기침체, 공동체 붕괴, 독과점과 정경유착, 불평등·불공정	공공 의료 서비스 확대, 약물 처방기준 강화, 정경유착 차단, 최저임금 인상, 독과점 규제 등 공정한 미국
맥코히 (『대전환』 저자)	일방적인 군사 개입, 전 세계의 미국화, 세계를 지배·통제하려는 습성	역사·원칙에 입각, 세계의 본보기 국가가 되라. 관용·도덕·공존 등
앨리슨 (국가 안보 전략가)	타락한 민주주의, 공적 윤리 약화, 법제도 타락, 무지한 국민들, 언론의 부패, 타락한 노동 윤리·소비자	대통령이 단호한 리더십 발휘, 지배계급의 시민적 책임감 회복
프리드먼 (국제 정세 분석가)	미국을 움직이는 2개 주기가 종료	세대 교체 시 2028년 문제 해소
레슬리 겔브 (『권력의 탄생』 저자)	도를 넘은 원칙들, 비열한 정치, 권력의 오만함	세계 권력 구조의 변화 이해, 올바른 권력 행사, 상식적인 정책 추진
제프리 삭스 (하버드대 교수)	적들과 '십자군 전쟁'을 벌이기 좋아하는 미국의 전통	중국과 전쟁보다는 안정적·제도적 협력이 필요
에이미 추아 (예일대 교수)	개방 대신 반이민과 인종 차별, 고립주의(미국우선주의) 등 폐쇄로의 이동	유일 방법은 초강대국으로서의 패권 지위 유지 노력을 중단하는 것

조지 팩커 (칼럼니스트)	미국식 자유방임주의·자유시장주의 구호 아래 판치고 있는 약탈적인 금융, 마피아·카지노 자본주의	기본(청교도·프론티어 정신·전통 등)으로 돌아가는 것이 최선
퍼리드 저카리아 (국제정치 전문가)	그동안 안전띠 없이 액셀을 밟음. 미국 중심의 단극 질서가 끝남.	이제는 안전 장치를 마련할 때. 불평등·기후 문제 안정화 필요
재커리 캐러벨 (미중 관계 전문가)	낡은 구조적 문제를 자각하기보다 거기에 달라붙어 중국의 성장을 부정하고 저항하는 것	중국과의 더 긴밀하고 성숙한 관계로 새로운 활로를 찾아야

＊ 출처: 위 인사들의 관련 저서나 학술 회의 발표, 언론 인터뷰 등을 종합 정리함.

이처럼 많은 미국 내 전문가들은 미국이 쇠망하고 있는 다양한 원인을 분석하고 국가재건 방안을 제시하고 있다. 대체로 역사와 원칙, 기본과 정도를 강조한다. 남 탓하지 말고 쇠퇴하는 자국과 패권 경쟁 대상인 중국을 잘 관리하는 것의 중요하다고 말한다. 사실 미국이 건강했던 민주주의의 자가조정 기능을 회복한다면, 또 브레진스키의 지적처럼 지정학적 전망을 인정하고 역사의 교훈을 기억한다면 절망적이지 않을 것이다.

그럼에도 국민이 아닌 기업(돈)이 지배하는 미국의 정치가 기능부전 상태에서 제대로 되는 일은 없다. 제2기 트럼프 정부가 바이든보다 중국을 더 강력하게 공격하는 것은 악화일로인 고질병에 중국의 기술 혁신과 굴기가 미국에 강력한 현실적 위험으로 다가오기 때문이다.

그럼에도 더 큰 미국병의 하나는 미국이 현실을 직시하지 않는다는 것이다. 왜? 병이 하루아침에 도지지도 않았고, 고칠 수도 없기 때문이다. 결국, 병의 원인과 그 책임을 남 탓으로 돌려야 하는 미국의 정치가 가장 큰 병이 아닐 수 없다.

라. 다가오는 중국·아시아 시대

오늘날 우리는 인류에게 큰 영향을 미칠 경제적 부와 권력의 이동, 전형적인 세계질서의 변화를 보고 있다. 세계사의 중심축과 패권의 변환 속도도 빨라지고 있다. 미국 중심의 서구 시대에서 중국 중심의 아시아 시대로 빠르게 이동하고 있는 것이다.

코로나19 대유행 이후 "아시아 시대가 온다"는 말은 먼저 서구인들로부터 나왔다. 2020년 2월 14일, 세계 외교안보 분야의 다보스포럼이라 불리는 뮌헨안보회의 2020년 보고서의 부제는 '서구의 실종(Westlessness)'이었다. 미국 최고의 중국전문가였던 (故)헨리 키신저는 주저하지 않고 말했다. "21세기는 중국의 세기가 될 것이다. 그러니 싸우지 말고 공존 협력을 모색하라"고.

세계 최대 헤지펀드사 창립자 레이 달리오는 그의 저서 『변화하는 세계질서』(2022)에서 "다양한 이슈에서 시간은 중국 편이다. 앞으로 어려운 상황은 미국의 운명이 될 것"이라고 했다.

2022년 토니 블레어 전 영국 총리는 한 국제정치 포럼에서 "우크라이나 전쟁은 미국 등 서방이 지배하는 서구 패권의 시대가 끝나가고 있음을 보여준다"고 말했다. 모두 2020년대가 역사가 이동하고 있는 변곡점임을 강조한 것이다.

실제로 2025년 초 현재, 미국이 몰락하며 중국 중심의 아시아 시대가 오고 있다는 징후들은 다방면에서 나타나고 있다.

첫째, 코로나19 사태 이후 경제적 부·권력이 아시아로 이동하고 있다.

코로나19 펜데믹은 서구와 미국에 대한 환상을 깨며 시대를 갈랐다. 팬데믹에 속수무책이었던 구미 선진국들은 하나같이 후진국 수준이었다. 아시아 국가들의 의료보건 시스템과 시민의식은 서구보다 우수했다.

2020년 이후 세계화와 세계의 경제 발전은 아시아가 주도하고 있다. 중국은 세계에서 가장 영향력이 있는 나라다. 아시아는 한국과 중국, 일본이 주도한 성장의 시대를 넘어 남아시아와 동남아시아가 이끄는 신성장의 시대로 진입했다.

오늘날 아시아는 세계 GDP의 절반을 차지하고, 경제성장의 3분의 2를 담당한다. 2024년 기준 아시아 인구 수는 세계 인구의 약 60%, 48억 1천만 명이다. 2022년 말 골드만삭스의 '2075년으로 가는 길'이라는 경제전망 보고서는 "향후 30~50년간 글로벌 GDP 성장의 무게가 아시아 쪽으로 더 기울 것"이라고 예측했다. 2050년 세계 톱 5 경제대국은 중국·미국·인도·인도네시아·독일 순으로 전망했다. 아시아는 거대하고, 노동력과 자본이 풍부한 청년 대륙이다.

이제 세계 경제를 이해한다는 말은 아시아 경제를 이해한다는 것이다. 중국 중심의 아시아가 세계 경제·문화의 중심이 돼가고 있다. 미중 패권경쟁의 미래를 좌우할 첨단반도체 기술 선진국이 한국·대만·중국이라는 사실도 21세기를 동아시아가 주도할 것임을 말해주고 있다.[133] 21세기 중국 중심의 아시아의 시대는 새로운 문명형 국가의 시대가 될 것이다.[134]

둘째, 최근 중국의 첨단기술 혁신 성과는 봇물을 이루고 있다.

중국의 자립자강 혁신 능력은 놀라운 속도와 '신질생산력(新質生産力: 첨단기술, 교효율, 고품질)'으로 미국을 위협하고 있다. 2024년, 산

---

[133] 파라그 카나 저·고영태 역, 앞의 책; 다마키 도시아키 저·서수지 역, 『아시아가 세계를 제패하는 시대는 다시 오는가?(세계사의 중심축이 이동한다)』, 사람과나무사이, 2022 참조.
[134] 장웨이웨이 지음·최화 외 옮김, 『세계를 움직이는 중국』, 역락, 2025.

업의 꽃인 자동차(전기차)는 BYD가 테슬라를 제치고 세계시장 1위를 차지했다. 중국은 자율주행차 시장에서도 세계 1위다. IT분야도 2025년 초, 딥시크는 미국의 챗GPT의 경쟁력을 추월하며 AI 효용성의 새로운 표준을 제시했다. 중국산 AI드론은 세계 시장의 95%를 차지한다. 2025년 초, 새로운 AI칩 Ascend P10을 출시한 화웨이 중심의 반도체 기초 역량도 한국을 뛰어넘었다. 곧 미국도 추월할 것이다.

중국의 첨단기술 실력은 2024년 현재 세계 대학 순위에서 극명하게 드러난다. 1위에서 10위까지 미국 하버드대 이외 9개 대학 모두 중국 대학이다. 기술 혁신은 곧 고부가가치 상품 제조와 수출 경쟁력이다. 이제 미국은 밥상을 중국에게 모두 뺏겨 자원·농업 국가가 될 처지에 놓여있다. 특히 미중 간의 최후의 미래전은 위성통신 기술과 양자컴퓨터, AI무인로봇, 극초음속미사일이 승패를 가를 것인데, 중국은 거의 모든 분야에서 미국을 앞서가기 시작했다.

셋째, 패권전쟁이 악화되면서 미국의 몰락도 빨라지고 있다.

미국의 강화된 공세는 중국의 맷집과 자강의 결기를 강하게 하고 기술혁신을 촉진했다. 미국의 중국 때리기는 그 효과가 미미한 채 부메랑이 돼 동맹과 자국에도 부정적인 영향을 미쳤다.

미국의 대 중국 공세가 소기의 성과를 내지 못한 것은 때를 놓쳤기 때문이다. 미국은 덩치가 커진 중국을 힘으로 무너뜨릴 수 없다. 중국은 굴복할 나라가 아니다.[135] 중국의 미래가 부상 아닌 붕괴라는 주장은 설득력이 없다.[136] 20여 년 동안 서로 얽히고설킨 지구촌의 세계화와 공급사슬에서 미국이 추구하는 디커플링과 대 중국 봉쇄는 가능한 일이 아니다.

미국은 중국의 발전을 멈추거나 변화시킬 수 없다. 속도를 늦출 수 있을 뿐이다.[137] 미국이 중국 공격에 국력을 쏟는 사이 미국병은 더 악화하고 있다. 미국병은 과거 로마나 서구 제국의 말기적 증상과 같다. 과도한 패권운영비·군사비 지출, 그로 인한 재정 악화와 국가 부채 증가, 이를 해소하기 위한 과도한 세금(관세) 징수 등이 촉발한 외우내환이다.

지난 7년 동안 중국 때리기에 바빴던 미국은 국가를 재건하지도 못했다. 관세폭탄으로 엄청난 빚을 갚고, 재조업을 활성화하고자 하는 미국은 정상적인 나라가 아니다. 자국만 우선하고 세계를 대혼란이나 대공황, 세계대전으로 몰아넣는 불량한 강대국이다. 국가의 힘

---

135 칼 라쿠르와, 데이빗 매리어트·김승완, 황미영 역, 『왜 중국은 세계의 패권을 쥘 수 없는가』, 평사라, 2011. 이 책은 중국의 6가지 문제로 ① 통제와 억압으로 유지되는 체제, ② 일그러진 대국의 풍모, ③ 인권 후진국을 만드는 제도와 정책, ④ 짝퉁 천국, 범죄 지옥, ⑤ 사람이 살 수 없는 환경, ⑥ 어두운 제국의 자화상을 지적한다.

136 중국의 약점을 강조하며 미래를 부정적으로 보는 대표적인 저서들로는 조지 프리드 저·손민중 역, 『100년 후』, 김영사, 2010; 칼 라쿠르와, 데이빗 매리어트 저·김승완, 황미영 역, 앞의 책; 스콧 로젤, 내털리 헬 저·박민희 역, 『보이지 않는 중국 – 무엇이 중국의 지속적 성장을 가로막는가』, 롤러코스터, 2022 등이 있다.

137 그레이엄 앨리슨 저·정혜윤 역, 앞의 책, p.337

과 위상을 좌우하는 거의 모든 분야에서 몰락의 길로 접어든 미국은 곧 지역 강대국이나 후진국으로 전락할 수 있다.[138]

전쟁의 와중에 미국과 중국의 경제는 공히 대침체를 우려하고 있다. 중국 경제는 높은 지방 부채 비율과 실업률, 중소기업의 경영난 등 여러 문제에 직면해 있다. 망했다. 끝났다. 추월은 없다는[139] 등 말들이 많다. 그러나 2025년 들어 딥시크 등의 첨단기술 혁신 분위기에 힘입어 상황이 다소 호전되고 있다. 근본적인 문제는 수요 부진과 생산 과잉이 복합적으로 작용, 형성된 거시경제의 불균형 딜레마이다.[140] 어려울 수 있지만 망할 수는 없는 문제다. 최근 반도체 기술은 한국을 추월했다. 첨단 제조 강국의 가격 경쟁력과 산업 경쟁력은 날로 발전하고 있다. 여기에 엄청난 규모의 경제와 연구&개발 능력은 조만간 세계를 위협에 빠뜨릴 수 있는 성장의 속도와 수준이 될 전망이다.

미국 경제도 어려운 가운데 반짝 성장 등 긍정적 전망도 있다. 그러나 관세폭탄을 제조업 부활과 '미국을 다시 위대하게(MAGA)' 하려

---

138 안드레이 마르티아노프 저·서경주 역, 『모든 제국은 몰락한다 – 미국의 붕괴』, 진지, 2024, p.90
139 이호철, 『추월은 없다: 미중관계의 미래와 한국』, 사회평론아카데미, 2025.
140 류루이, "중국 경제의 현황과 미래 전망", 성균차이나브리프 통권 73호, 2024.10.1, p.44

는 수단으로 삼는 전략은 성공할 수 있는 것이 아니다. 무분별한 관세는 오히려 국내외 경제에 불확실성을 가중시켜 소비와 투자, 공급망을 교란시키고 증시와 국채, 달러 등 미국 자산에 대한 신뢰를 깨고 있다.

현재 미국이 직면한 위험들은 앞서 논의한 미국병과 패권 제국 말기의 구조적인 문제들의 결과다. 보는 시각에 따라 생각이 다르나 미국병은 체계적이고 구조적인 혼돈이어서 차도나 치유를 기대할 수 없다. 엄청난 국가부채와 함께 책임 있는 문제 해결의 주체로서 미국의 정치·행정 시스템이 제 역할을 할 수 없다는 점도 부정적인 전망을 뒷받침한다.[141]

모든 패권 제국과 그 질서의 수립·몰락은 역사의 순리이자 이치이다. 제2기 트럼프 행정부의 미국도 '미국 우선주의'를 표방하나 로마의 천년왕국의 꿈을 떨쳐버리지 못하고 있다. 36년 전 구소련이 붕괴 후 '역사의 종언'을 추구한 미국은 자국의 사망선고와 함께 서에서 동으로의 '역사의 이동'을 초래했다. 다시 '역사의 종언'을 추구하는 미국에 과연 어떤 미래가 있을까?

역사상 모든 패권 제국들은 몰락의 추세를 되돌리기 위해 가능한

---

[141] 2024년도에 과도한 국가부채와 정치시스템의 기능부전을 이유로 미국의 국가신용등급을 '부정적'으로 바꾼바 있는 무디스는 1년만인 2025년 5월 16일, 'Aaa에서 한 단계 낮은 Aa1'로 하향 조정했다. 미국은 피치와 S&P 글로벌에 이어 무디스까지 3사 모두에서 트리플A 등급 아래로 평가받게 됐다.

모든 노력을 다했다. 하지만 과거의 유토피아를 찾는 것은 시대착오일 뿐, 역사는 진로를 거꾸로 되돌리는 법이 없었다. 특히 문제의 당사자들이 자체의 근본적이고 구조적인 문제를 고칠 수는 없었다.

결국 미중 패권전쟁의 관건은 양국 모두 어려운 국내문제를 어떻게 추스르느냐에 달려있다. 누가 내부체제를 더 탄탄하게 다지느냐가 승패를 결정한다는 것이다. 아마도 2025년은 미중 패권전쟁의 변곡점이 될 것이다. 2030년까지 앞으로 5년의 총력전 결과는 지구촌에 전혀 다른 세상을 가져올 것이다.

03

세계질서 변동의 주원인

인류 역사에서 영원한 제국은 없었다. 제국의 흥망성쇠는 마치 자연의 현상처럼 끊임없이 반복되었다. 왜 제국들은 하나같이 흥망성쇠의 패턴을 반복하는가? 무엇이 제국의 운명을 결정해 역사의 흐름을 바꾸는가?

그동안 세계질서의 변화는 주로 강대국 간의 불균등한 성장과 힘의 변화가 유발하는 전쟁과의 관계 속에서 설명돼 왔다. 역사의 흐름을 변화시키는 요인들 중에는 전염병과 같은 운명의 여신도 있었다.

21세기 초 오늘날의 세계질서는 코로나19 팬데믹과 미중 패권전쟁, 우크라이나 전쟁이 변화를 촉진하고 있다. 지식정보화사회에서 세계인들의 정치적 각성도 국제사회와 질서 변화의 주원인으로 등장했다.[142] 이 요인들은 앞으로 미국과 중국, 세계질서의 변화에 어떤 영향을 미치고, 어떤 결과를 가져올 것인가? 주목할 일이다.

---

142 김대륜, 『패권의 대이동 - 세계사를 움직이는 부와 힘의 방정식』, 웅진지식하우스, 2021

강대국 간의 불균형 성장

먼저, 변화하는 힘의 정치가 작용하는 강대국 관계에서 갈등과 불균형은 불가피한 일이다. 세계는 '위계가 구조화된 무정부 상태'다. 패권국을 정점으로 힘의 위계 구조를 형성하고 있다. 그런데 각 국가의 힘을 구성하고 있는 군사력과 경제력, 기술 능력은 각기 다른 속도로 성장한다. 미국의 쇠락, 중국의 굴기와 같이 국가 간의 힘의 불균형 성장은 곧바로 미중 패권전쟁을 유발하는 동인으로 작용했다.

패권국과 신흥 도전국 간에 국력 성장의 속도가 차이 나는 이유는 2가지다

하나는 패권이 엄청난 비용을 수반한다는 것이다. 패권국은 자국이 주도하는 세계질서를 유지하기 위해 해야 할 일이 많다. 국제기구 설립·운영, 해외 주둔군 운용, 동맹·우방 관리, 분쟁 지역 관리, 해외 협력자 관리 등에 들어가는 비용은 천문학적이다. 특히 세계 보안관 역할에 들어가는 군사 비용은 패권국을 만성적인 재정적자에 시달리게 한다.

피지배국의 민족주의도 과거와 같은 억압이나 공작·조작을 거부하고, 열린 사회에서 협력자(SOB: Son of bitch)들의 적극적인 협력도 기대하기 어렵다. 미국이 베트남전 패배 이후 쇠락의 길에 들어선 이후 지난 50여 년 동안 내리막길을 걸어올 수밖에 없었다. 과거 서구 제국의 전통인 침략과 약탈이 불가능한 오늘날의 패권은 기대이익을 실현할 수 없는 부담일 뿐이다.

다른 하나는 선도 기술의 혁신이 경제성장과 국제질서를 좌우한다는 것이다

"중국이 우리를 위협한다면, 우리는 행동할 것이다. 우리가 중국을 바꾸지 못하면 중국이 우리를 바꿀 것이다." 2023년 2월 8일, 바이든 미국 대통령이 대 중국과 반도체 전쟁을 선포하면서 한 말이다.

중국이 자국 중심의 세계질서와 패권을 빼앗으려 한다는 불안감은 미국사회 전반에 걸쳐 있다. 미국인들은 첨단 산업에서 중국에 주도권을 내주고, 더 늦기 전에 저지하지 않으면 끝장이라고 생각한다.

그동안의 세계 패권 이동의 역사에서 공통으로 드러난 사건은 대혁신이었다. 기술 혁신이나 제도 혁신이 패권의 전환을 이끌었다. 서구 제국의 신항로 개척, 무역·상업 발전, 명예혁명, 현대 경제학과 1~3차 산업 혁명 등이 그것이다.

강대국의 흥망성쇠와 국제질서 변화에 관한 연구들도 기술 혁신을 핵심 변수로 설명해 왔다. 미국의 폴 케네디는 강대국 간의 불균등한 경제성장의 핵심은 기술 혁신에 있다고 보았다. 조지 모델스키와

윌리엄 톰슨이 발전시킨 '리더십 장주기론'은 근대 세계사에서 패권국의 교체와 기술 혁신과의 관계에 주목했다. 이 이론은 패권의 부상과 몰락은 혁신 기술에 따른 새로운 산업의 부상과 쇠락의 주기를 따라간다는 것이었다.[143]

이 같은 이론과 역사적 배경을 고려할 때, 오늘날 미중 패권전쟁의 실체는 4차 산업혁명을 기반으로 한 기술 패권 경쟁임을 알 수 있다. 전쟁의 서막인 2018년 미중 무역전쟁은 중국이 2015년부터 추진한 '중국제조25' 전략이 불씨가 되었다. 전쟁은 미국이 AI, 빅데이터, 5G 등으로 대표되는 새로운 기술 표준을 장악하려는 중국의 야심을 저지하기 위한 것이었다.

AI는 냉전 시기의 핵무기보다 더 큰 영향력으로 기존 산업과 국제 정치 질서를 재편할 전망이다. AI 중심의 기정학적(기술–지정학적) 구도는 향후 미중 패권전쟁의 핵심 축이 될 것이다. 2024년 한해 미중 간의 지경학적이고 기정학적 대결, 특히 미국의 대 중국 반도체 및 첨단기술 통제의 중심에는 엔비디아가 생산하는 AI 필수 하드웨어인 GPU(컴퓨터 그래픽 처리 장치)가 있었다. 엔비디아는 단번에 세계 1위 기업이 되었다.

---

143 George Modelski and William Thompson (1996), Leading Sectors and World Powers: The Coevolution of Global Economics and Politics(Columbia: University of South Carolina Press)

2025년 들어 미중 양국은 AI를 기술안보 전략의 최우선 과제로 삼고 있다. 1월 20일 트럼프 2기 정부 출범 직후 발표한 5000억 달러 규모의 '스타게이트' 프로젝트는 AI 주도 및 구도 재편을 통한 공급망·주도권 장악 전략이었다. 얼마 후 중국의 딥시크는 오픈AI의 챗GPT에 필적할 수 있는 가성비가 좋은 AI추론 모델을 오픈소스로 공개했다.

미중 간의 대결은 AI와 반도체, 그리고 전후방 산업을 아우르는 밸류체인 전 영역에서 치열하다. 이런 상황 속에서, 결국 미중 간의 패권전쟁은 양국 중 AI와 양자, 반도체 분야에서의 기술적 우위와 연관 산업의 주도권을 누가 장악하느냐가 관건이 될 것이다. AI-반도체 기정학적 경쟁의 승자가 미중 양국 간 최후의 미래전에서 승리해 21세기 AI 시대를 주도하게 된다는 것이다.[144]

전쟁

고대 중국의 손무는 『손자병법』의 첫 문장에 "병사(兵事: 전쟁)란 나라의 중대한 일이다. 사람의 죽음과 삶이 결정되고, 나라의 흥망이 결판나는 것이므로 살피지 않을 수 없다"고 썼다.

사실 인류의 역사는 전쟁으로 점철돼 왔다. 전쟁은 인간의 생명뿐만 아니라 한 국가의 생존까지 위협하면서 역사의 전환을 가져왔다. 전쟁

---

144 권석준, "미중 인공지능-반도체 기정학 경쟁의 함의", 성균차이나브리프 통권 75호, 2025.4.1, pp.97-102

은 국가를 만들고, 국가는 전쟁을 만들었다. 그리스·로마문명과 중화문명 등은 오랜 전쟁을 거치면서 주변을 흡수하고 융합한 것이었다.

역대 패권국들은 세계질서 변화 과정에서 발생한 큰 전쟁에서 승리한 국가였다. 1차 세계대전을 치른 영국은 막대한 군사비로 몰락하게 된다. 1, 2차 세계대전에서 실력을 발휘한 미국은 패권을 잡았다. 전쟁 능력의 기초는 경제력이었다. 전승국은 특정 기술 혁신으로 부를 축적하고, 군사력 증강에도 이용했다.

한편, 나라의 운명이 걸린 전쟁은 인류의 창조력과 상상력을 격발시켜 잠재 능력을 최대한 발휘케 했다. 나침반, 화약, 원자력, 컴퓨터, 녹음기/ 무선 통신 등은 먼저 군사 용도로 만들어진 것이었다.

또 그리스 문명 초기나 중국 춘추전국시대의 끊임없는 전쟁은 문명의 창출과 인류의 고상한 정신을 함양하는 계기이기도 했다. 미중 간의 패권전쟁 또한 궁극적으로는 미래전을 가를 첨단기술 전쟁이다.

그렇다면 앞으로 미중 간에도 전쟁을 통해 세력이 전이될 것인가?

전통시대에는 전쟁이 끊이질 않았다. 미국도 19세기는 물론 20세기에도 전쟁을 통한 정복, 식민 지배, 영토 확장, 무력 개입·간섭의 기록을 갖고 있다. 이라크, 아프간, 우크라이나, 이스라엘 전쟁에서 보듯 21세기에도 전쟁은 끊이질 않는다. 세계 권력 구조 내에서 상대

방보다 우월한 지위를 차지하기 위한 충돌은 불가피하다.[145]

그럼에도 세계 최강인 미국과 중국의 전면적인 전쟁은 상상할 수 없는 일이다. 3차 대전이 될 미중 간의 전면전은 인류의 멸망을 초래할 것이다. 현대의 전쟁은 단지 죽음과 파괴, 대량 학살을 수반할 뿐 아무런 대가도, 이익도 가져다주지 못하는 인간의 공허한 노력일 뿐이다.

20세기 일본, 독일, 소련, 이탈리아 등 지역 패권을 추구한 강대국들의 전쟁은 예외 없이 재앙적인 패전을 경험했다. 냉전 종식 이후 미국이 치른 이라크, 보스니아, 코소보, 아프카니스탄, 이라크, 리비아 전쟁은 결과적으로 미국과 미국 패권의 몰락을 가져왔다. 전쟁을 통해 얻을 수 있는 이득은 없었다.

사실, 강대국 간에 전면전은 가능한 일이 아니다. 살려고 전쟁하는 것이지 죽자고 전쟁하려는 나라는 없다. 대신 미중 간의 미래전은 사이버·우주전이 될 것이다. 이 전쟁에서는 총소리가 없고, 사상자도 없다. 승부는 누가 먼저 상대방의 인공위성과 정보통신망을 해킹이나 파괴·조작 등으로 무력화하는가에 달려 있다.

전염병 등 운명의 여신

인류의 역사는 인간의 이성과 의지만으로 이루어지지 않았다. 반

---

145 존 J. 미어셰이머·이춘근 옮김, 앞의 책, pp.20~22

복하는 역사의 순환 속에서 돌발적인 변수가 툭툭 튀어나왔다. 역사 발전은 자연 극복의 역사이기도 했다. 인간은 전염병의 창궐에 속수무책이었다. 저명한 역사가들도 역사의 흐름에 변화를 준 자연 현상의 중요성을 강조하고 있다.

2500년 전 그리스의 헤로도토스는 "인간은 우연을 극복할 수 없다. 때로 우연한 상황들의 지배를 받는다"고 말했다. 로마 시대의 폴로비오스는 사람의 힘과 무관한 운명의 여신을 신봉했다. 그는 "인간사에서 가장 중요한 것들을 결정하는 것은 행운"이라며 역사에서의 운을 강조했다.

20세기 현대 역사가인 E. H. 카 또한 "역사적 사건들의 성격에는 아무도 의도하지 않았던 방향으로 역사의 경로를 틀어버리는 그 무엇인가가 존재한다"고 말한다.[146] 『변화하는 세계질서』의 저자 레이 달리오는 코로나19 팬데믹은 그 어떤 심각한 경제공황이나 전쟁보다 영향력이 컸다고 주장한다.[147]

사실 인류의 문명은 물론 세계질서의 흐름에는 전염병을 포함한 자연환경이 큰 영향을 미쳤다. 전쟁 못지않게 중요한 것은 전염병이었다. 역병의 대유행은 세계사 변화에 크게 작용했다.[148] 그리스 아

---

146 존 J. 미어셰이머·이춘근 옮김, 앞의 책, p.74 재인용
147 레이 달리오 지음·송이루, 조용빈 옮김, 앞의 책, p.13
148 문정인, 앞의 책, 2021, p.26

테네와 로마제국, 몽골제국의 멸망도 전염병이 큰 변수였다.

중세는 암흑시대였다. 몇 차례에 걸쳐 페스트가 만연하자 유럽 인구의 30~50%가 사라졌다. 흑사병으로 인구가 감소해 일손이 부족하자 임금이 높아지면서 중세 봉건사회가 붕괴한다. 아무리 기도해도 역병을 막지 못하자 교회에 대한 불신이 커져 종교개혁이 촉진되었다.

세계적으로 여행이 자유롭고 교역이 활발해지자 전염병이 급속히 퍼졌다. 1918년 스페인독감으로 무려 5천만 명이 사망했다. 100년 후인 2020년 발생한 코로나19 팬데믹은 빠른 기간 내에 전 세계로 확산, 지구촌은 2차 대전 후 가장 큰 위기를 맞았다. 코로나19는 지난 수 세기 동안 쌓아 온 인류 문명에 대한 선전포고였다. 쇠락한 미국의 민낯과 치부를 드러내면서 미국 패권의 몰락을 가속화했다.

4차 산업혁명으로 첨단 과학기술과 의학이 발달하고 있는 21세기에도 코로나19 팬데믹은 전염병이 인간사에 개입한 우연이었다. 전염병의 창궐은 이처럼 국제질서 변동에 결정적인 영향을 미치면서 역사의 물길을 바꾸었다.

지식 정보 기술: 세계인들의 정치적 각성(心)

그동안 인류 역사와 국제질서 변화의 큰 변수는 강대국 간의 불균형 성장과 기술 혁신, 전쟁, 전염병이었다. 오늘날 우리가 주목할 변수가 하나 있다. 그것은 역사의 주인인 인류의 지적 수준과 정치적 의식 수준이 높아지고 있다는 사실이다.

한 나라의 정치·외교 수준은 결국 국민들의 지식·의식 수준이 결정한다. 모든 국민은 그 수준에 맞는 정부를 가진다. 한국의 윤석열 정부가 확인한 바와 같이, 국민들이 정치를 외면하면 가장 큰 대가는 형편없이 저질스러운 자들에게 지배당한다.

민주주의에는 국민들이 정치에 관심을 가지고, 권리를 지키려는 비판적 사고와 저항정신이 필수적이다. 그래야 권력자들은 국민들을 두려워하고, 존경하며 정치를 잘하게 된다. 더 중요한 것은 역사를 잊은 국민들에게 미래가 없다는 것이다.

국민들의 합리적이고 비판적인 사고는 참과 거짓, 옳고 그름을 구별할 수 있다. 국민들의 깨어 있는 민주시민의식과 주인·주권의식, 국민들의 민주적 책임성이 거짓과 나쁨을 심판할 때 저급한 정치·이념과 거짓·그름이 설 땅을 잃게 된다.

세계사에서 종이의 발명과 인쇄술의 발전, 인터넷 혁명 등 지식정보기술은 세상을 바꾸어 왔다. 정보통신기술(ICT)의 발달은 지역 간의 거리를 없애고, 한 지역에서 발생한 일을 전 세계가 실시간으로 공유할 수 있게 했다. 지식의 대량 생산·전파에 드는 비용이 적어진 것이 세계인들의 정치적 각성을 촉발하며 세상을 바꾸는 힘이 된 것이다.

1455년 구텐베르크가 발명한 인쇄술은 책을 대량 생산하는 시대를 열었다. 지식의 생산·전파는 유럽에 르네상스 시대를 여는 기반이 되었다. 루터의 종교 개혁도 가능해졌다. 무엇보다 신앙의 자유를 바탕으로 개인의 자유와 평등이 천부적인 인권임을 인식하게 되었다. 이를 바탕으로 보다 이성적이고 합리적인 사회가 된 유럽은 지난 300여 년 동안 세계를 지배할 수 있었다.

지식정보화 시대에는 냉전이 붕괴했다. 1988년에는 분단된 한반도 남쪽 민주주의 한국에서 88올림픽이 개최되었다. 동구 공산권 국가의 국민들은 올림픽을 통해 남북한을 비교할 수 있었다. 1989년 동유럽에서는 체코의 '벨벳혁명'과 동독 붕괴, 독일통일, 동구권 국가들의 자본주의로의 체제 전환과 소련 붕괴 등이 이루어졌다.

2011년 위키리크스가 미국의 부패한 패권구조를 폭로한 후 중동에서 일어난 '재스민혁명'은 결과적으로 중동의 정치 변화와 미국의 쇠퇴를 가속화했다. 이 혁명은 독재정권의 탄압에도 굴하지 않고 국민들이 힘을 합쳐 저항해 세상을 바꾼 중동 최초의 사건이었다.[149]

2017년 한국의 촛불혁명 성공과 2024년 12·3 비상계엄 해제 및 윤석열 대통령 처벌은 세계 제1의 인터넷 강국에서 깨어난 민주시민들이 이루어낸 쾌거였다. 혼란스러운 정국에서 시도된 군부 쿠데타와

---

149 앨프리드 맥코이 지음·홍지영 옮김, 앞의 책, p.96

친위 쿠데타의 불발·실패는 하드웨어보다 소프트웨어가 강함을 입증했다. 한국 군부와 워싱턴의 영향력이 약화되고 있다는 증거였다.

인터넷 혁명으로 한 단계 더 발전한 정보화시대에서 각종 앱은 소통과 개방, 평등과 자유가 그 본질이다. 컴퓨터 인터넷에서 모바일 인터넷 시대, e북과 오디오북 등 책의 디지털화는 정보화 혁명을 더 심화시키고 있다.

오늘날 특히 아프리카에서 정치에 각성한 사람들은 자신들의 상대적 박탈감과 자기 비하, 외부 세력의 지배 및 불리한 환경이 모두 서방의 과거 식민지배의 잔재라고 생각한다. 이들은 이제 서방의 문화와 정치적 영향력에 순종하지 않는다. 모두 과거 서방 제국의 불법적인 지배와 약탈을 비난하고 역사의 청산을 주장한다. 2025년은 미중 패권전쟁의 변곡점이 될 전망이다. 그러나 미국과 서구 제국의 신식민지주의적인 속박과 약탈에서 벗어나기 위한 아프리카인들의 단결과 독립투쟁은 역사를 가르는 획이 될 전망이다.

중동의 이슬람 국가 젊은이들도 미국의 대중문화에 열광하면서도 미국이 중동에 군사 개입을 하고, 이스라엘을 지원하는 것에 분노한다. 이들이 분노하는 이유는 미국의 행동이 서방 제국주의의 연장이고, 자신들의 박탈감 역시 서방이 원인이라고 생각하기 때문이다.[150]

---

150 즈비그뉴 브레진스키 지음·황성돈 옮김, 앞의 책, p.45

서방에 대한 분노는 요즘 비서방주의 문화들에서 공통으로 발견된다. 과거 식민지였던 지역의 지식인 상당수는 반패권주의와 반제국주의 성향을 갖고 있다. 그 영향은 미중 패권전쟁에도 미치고 있다. 미중 패권전쟁은 체제·이념보다 역사와 문화·전통이 다른 서구와 비서구로 편이 갈라지며 문명충돌로 가는 양상이다.

지구촌 사람들은 이제 어느 문명, 어느 나라 시스템이 국내에서 성과를 더 내고, 대외정책에서 더 합리적이고 정당한지 비교·평가한다. 세계인의 마음(心)을 잡지 못하는 매력 없는 강대국, 대외 부정의를 일삼는 강대국은 패권을 상상할 수 없다. 앞으로의 세계질서에는 강대국들의 '힘의 정치'뿐만 아니라 각 지역 국가들과 주민들의 '의식 수준'이 크게 작용하게 될 것이다.

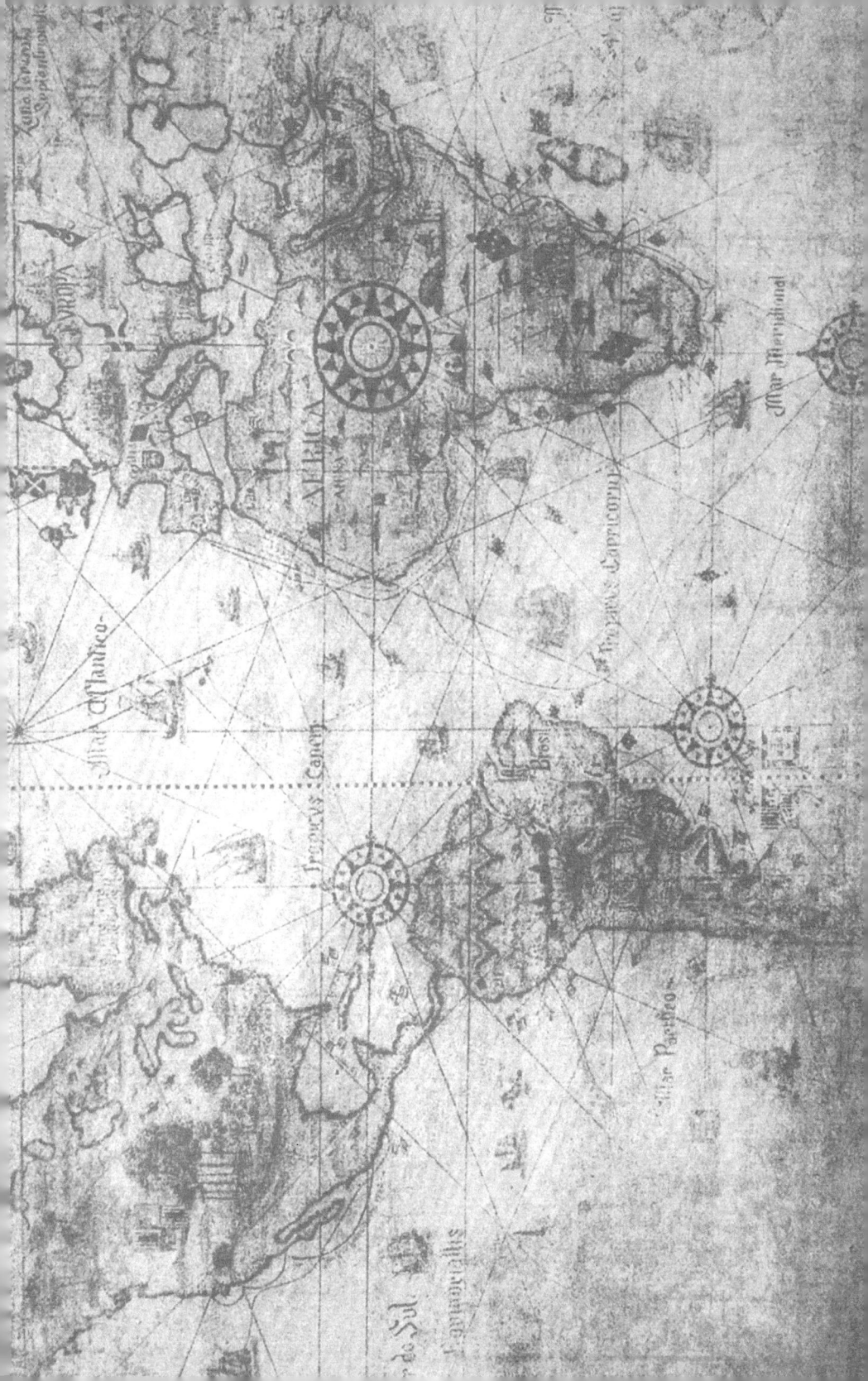

제7부

미중 간의 패권 전쟁은 문명충돌

01

서로 다른 동서 문명의 DNA

미국과 중국의 역사와 문화·문명은 양국의 정체성과 사고 및 행동 양식을 결정하는 원형(DNA)이다. 양국은 인간의 세상이기에 같은 점이 많다. 하지만 서로 다른 풍토와 역사 속에서 형성된 두 문명은 절충이나 조화가 될 수 없는 상극관계다. 이게 동서문명의 최고점이자 끝판왕들인 미국과 중국이 충돌할 수밖에 없는 이유다.

문화와 문명

아래 〈표-16·17〉와 같이 미국과 중국의 차이는 확실히 서로 다른 문화와 문명, DNA에서 비롯되었다. 서구는 인간적이고 합리적이면서도 침략적이고 약탈적이었다. 중화는 국가적이고 비합리적이면서도 도덕적이고 윤리적이었다. 국제사회에서도 서방에는 영원한 친구나 동맹은 없고 오직 영원한 이익만 있다. 중국에서 친구는 응당 영원해야 하고 이익도 공동의 것이어야 한다.

〈표-16〉 서구문명과 중화문명의 특성 비교

구 분	서구문명	중화문명
특 성	인간적·합리적 개방적·진취적 침략적·약탈적	국가적·비합리적 폐쇄적·안정적 도덕적·윤리적

미중 양국의 원형이라고 볼 수 있는 고대 중국의 제후국들과 그리스의 폴리스 간의 차이도 크다.

〈표-17〉 고대 중국 제후국과 그리스 폴리스 비교

구 분	그리스의 도시국가(police)	중국의 제후국(方國)[151]
국제관계	독립적, 상호 평등	불평등(작위: 공후백자남), 천하의 공주인 천자 존재
국가 정치체제	민주제, 노예제 군국주의	봉건 군주제
국민의 신분	공민(도시국가의 주인)	신민(군주의 하인)

출처: 여러 관련 자료들을 종합해 정리함.

---

[151] 중국 역사에서 방국(제후국)은 춘추전국시대와 같이 부족국가와 부족국가 연맹을 거치면서 형성된 어느 정도 성숙한 국가 형식을 말한다.

동서양 문화와 문명의 다름은 인간과 세계의 근본 원리와 삶의 본질 따위를 연구한 고대 동서양 철학의 다름에서 비롯되었다.[152] 고대 그리스에서는 산악의 협소한 공간에서 삶의 규칙을 공유하며, 권리와 의무, 책임을 논리적으로 주장하는 일이 중요했다. 철학자들이 모두 논리와 수사(修辭)를 중심으로 사유했다. 철학의 주제는 개인과 국가의 정의와 윤리·도덕, 지혜로움과 같은 인간의 삶에 관한 것이었다.

반면, 중국의 동양철학은 봉건 사회에서 지역이 광활하고, 다양한 문화와 민족이 공존해야 하는 풍토에서 싹트고 자랐다. 철학자들이 자신의 철학을 펼치기 위해서는 전제군주의 심기를 살피지 않을 수 없었다. 서양과 달리 논리적인 의견 개진 대신 사자성어(四字成語) 동원 등을 통한 은유나 우회 방식의 설득 방법이 발달했다.

결국, 동서양의 철학은 지리적으로나 정치·문화적 배경의 차이로 서로 다른 방향으로 발전한다. 동양철학은 주로 인간의 삶에서 어떻게 행동해야 하는지 실천론적 관점을 강조했다. 서양철학은 사물 너머로 보이지 않는 본질(이데아·형이상학 등)을 파악하는 데 주력했다. 서양이 이성적 탐구에 주력했다면 동양은 감성적 탐구에 주력한 것이다.

---

152 리처드 니스벳 저·최인철 역, 『생각의 지도 – 동양과 서양, 세상을 바라보는 서로 다른 시선』, 김영사, 2021.

사람들의 삶과 사유 방식도 다르다. 서양의 정서는 '나'를 주체로 한 개인주의적 사고였다. 동양의 정서는 '우리'에 중점을 두고 타자와의 인간관계에 집중했다.[153] 개인의 자율성을 중시했던 그리스 문화는 논쟁문화를 꽃피웠다.

특히 중앙집권적 권력 구조에서 나온 중국문화는 논쟁을 불쾌하거나 미숙한 것으로 여겼다. 관계를 중시했다. 인간이 집단 혹은 가족 구성원이라는 점을 중히 여기며 조화로운 인간관계를 강조했다.

서양의 분석적 사고와 동양의 종합적 사고는 서로 다름과 많은 차이를 만들었다. 그리스는 자연계라는 개념을 발견하며 과학의 발전을 이룰 수 있었다. 인간계와 독립적인 실체로서의 자연계에 대한 개념이 없었던 중국은 과학을 발전시키지 못했다.[154]

사회의 기본 토대

서구 유럽의 문명은 개인을 중심에 놓고 있다. 서양에는 자유·평등과 민주주의, 개인주의에 대한 믿음이 있다. 이는 정치적으로 자유와 민주, 공화제를 발전시켰다. 경제·사회적으로는 자본주의와 사유재산제, 자본의 집중, 치열한 경쟁, 특히 자본과 노동력의 대립이라는 구조를 형성했다.

---

153 Plato Won, "동서양 철학은 왜 다르고 어떻게 삶에 영향을 미치는가." 브런치스토리, 2022. 9. 4. https://brunch.co.kr/@inmunart/3617
154 『생각의 지도』 동서양의 인식 비교 - 리처드 니스벳 https://blog.naver.com/kelly110/223158212395

중국의 유교문화는 권위와 위계, 대결의 회피를 중요한 가치로 삼았다. 사회에 대한 국가의 우위, 또 개인에 대한 사회의 우위라는 가치를 강조했다. 중화문명은 장기간의 역사 과정에서 개인과 가정을 국가와 동일시하며 국가공동체를 형성했다. 개인의 존재는 국가공동체에 종속될 수밖에 없었다.

중국에서는 국가공동체의 가치가 개인의 가치를 앞질렀다. 개인의 가치는 국가공동체를 통해서만 실현될 수 있었다. 2000년 중화제국에는 자유와 민주, 공화제와 인민주권의 경험·전통이 전혀 없다. 전제 봉건왕조에서는 황제의 국가주권만 존재했다.

서구 사회가 중국에 기대하는 서구식 민주화는 이루어질 여지가 전혀 없는 것이다. 중국의 오늘날이 있게 한 덩샤오핑은 "서양의 인권이나 자유, 민주주의는 오직 강하고 부유한 나라들의 이익만을 위해 고안된 것"으로 보았다. 시진핑의 중국은 "민주는 미국이 원료를 만들고, 전 세계가 한 가지 맛을 보는 코카콜라가 아니다."라고 말한다. 미국은 중국과의 패권전쟁 프레임으로 '민주주의 대 권위주의' 간의 대결을 강조한다.

02

미국과 중국의 국제질서관

세계사에서는 수많은 문명이 등장해 각기 저마다의 세계질서를 세우고자 했다. 서구에서는 그리스·로마가 그랬고, 영국·미국이 그랬다. 동양에서 중화제국은 2000년 동안 동아시아 질서를 주도했다.

그럼에도 인류 역사에서 완벽한 세계질서는 존재하지 않았다. 모두 국제관계에서 균형을 잡고, 자국이 주도하는 국제질서를 수립하려 했지만 동의를 얻지 못했다. 세계적 합의를 이끄는 원칙이나 최종 목적에 대한 합의가 이뤄지지 않았기 때문이다.

지금도 강대국들 간에는 세계질서에 대한 개념들이 충돌하고 있다. 현 세계질서를 규정하고 있는 미국과 중국은 상술한바, 정치·문화적 배경이 다르다. 역사와 전통문화, 이데올로기 등에 의해 형성된 미국과 중국의 사고 방식과 행동 양식은 상대방에게 전혀 익숙하지 않은 것들이다.

미국의 국제질서관

현 국제질서는 전적으로 미국이 주도해 구축했다. 미국인들은 자신들이 가는 길이 곧 세계의 운명을 결정한다고 확신했다. 초기에는 서구 제국들과 달리 힘에 의한 패권을 추구하지 않았다. 윌슨 대통령을 비롯한 거의 모든 미국 대통령은 보편적 원칙에 기반을 둔 평화롭고, 민주적이며, 규칙에 근거한 세계질서를 추구했다.

미국이 추구한 국제질서는 보편적 가치를 내세워 세계의 지지와 동의를 얻어내는 것이었다. 이를 토대로 자국 주도로 만들어진 국제법과 국제기구, 국제규범을 통해 국익과 안보를 확장하면서 세계 패권을 유지·강화해 나갔다.

지난 70여 년 동안 미국은 강력한 힘을 바탕으로 '자유주의 세계질서' 또는 '규칙 기반 국제질서(RBIO)'라는 패권체제를 유지했다. 냉전 시기의 미국은 무소불위의 세계 지도국, 슈퍼 파워, 국제경찰이었다. 자유 민주주의 이념을 수호하기 위해 양자 및 다자동맹으로 국제안보체제를 구축했다. 자본주의 시장경제 이념의 진작을 목표로 자유무역의 진흥과 경제 개발을 위한 다자경제체제를 구축했다. 전 세계에 배치한 방대한 군사력과 외교적 개입, 세계경제 규칙 수립·운영 등을 통해 국제질서 규범을 만들었다. 이를 통해 미국은 세계의 평화를 유지하고, 민주주의를 촉진하는 데 기여하기도 했다.

미국의 힘이 커질수록 미국의 패권 질서는 패권주의적이고 제국주의적인 것으로 변했다. 미국은 자국의 힘에 순응하면 협력적으로, 그렇지 않으면 일방적으로 패권을 휘둘렀다. 영향력 확보를 위해 타국 내정 간섭이나 주권 침해, 전쟁이나 내전 같은 수단들을 동원했다.

미국은 IMF, 세계은행, 세계무역기구(WTO) 등의 국제기구들을 자국이 만든, 자국의 것으로 간주었다. 자국의 이익에 도움이 되지 않는 국제기구는 존재의 의의가 없다고 공언하며 탈퇴하기도 했다. 국제기구들을 정치화해 자국을 반대하거나 이익을 침해하는 국가에 대한 제재에 활용하기도 했다.

미국은 1991년 소련 붕괴 후의 단극 패권을 기회로 활용하지 못했다. 승리에 도취된 미국의 패권에는 오만과 일방주의, 특히 예외주의가 팽배했다. 미국은 신자유주의 세계화라는 명분으로 전 세계의 미국화를 추구했다.

'광범위한 법률체계'로 정의된 '규칙에 기반한 국제질서'는 사실 보편적 질서가 아닌 미국이 국익에 부합하는 지배력을 확보하기 위한 패권 질서였다. 이 질서는 유엔헌장과 각종 규약 등 국제법과의 관계를 고려하지 않았다. 국제사회가 동의하지 않은 무소불위의 미국식 예외주의였다.

미국의 패권 질서는 탈냉전 후 단극체제의 오만이 초래한 2008년 세계금융위기 때부터 무너지기 시작했다. 우크라이나 전쟁과 중동 전쟁에서 보듯 변화한 시대 상황에서 구태의연한 미국의 세계 보안관 역할은 끝났다. 미국이 쇠락하며 내부가 흔들리자 '규칙에 기반한 국제질서'도 흔들리면서 동맹이 약해지고, 저항의 축이 강해지고 있다.

몰락하는 미국의 자리는 브릭스(BRICS+5개국)를 앞세운 중·러의 거센 도전과 다극화 추세, 각 지역의 민족주의가 메워가고 있다. 지구촌 각국은 각자도생하며, 미국에 유리하지 않는 방향으로 헤쳐모이는 중이다. 우크라이나 전쟁 후에는 미국이 주도하는 국제금융결제시스템(SWIFT)과 페트로달러(Petrodollar)가 흔들리고 있다. 중국의 '국경 간 위안화 지급시스템(CIPS)'을 이용하는 국가들도 많아져 달러 패권도 흔들린다.

국제질서가 새로운 국면으로 진입하고 있는데도 미국의 목표는 여전히 자국의 패권질서를 재건하는 것이다. 동맹·파트너국들과 함께 체계적으로 중국과 러시아의 도전에 대응하고자 한다. 압도적인 군사 우위로 중국과의 패권전쟁에서 승리해 21세기도 '미국의 세기'로 만들겠다는 미국의 의지는 확고하다.

중국의 국제질서관

역사를 거울삼아 미래를 개창한다는 현 중국의 국제질서관에는 자국의 역사적 경험이나 유교적 세계관이 자리하고 있다. 기본 바탕은 자국이 중심이고 최고라는 중화사상이 있다. 중화사상은 문명과 야만을 가르는 화이(華夷) 질서관이 본질이다. 국제관계에서 위계질서가 유지되어야 평화가 유지될 수 있다는 인식도 여전하다.[155]

여기에 중국의 국제질서관은 냉엄한 국제관계의 현실을 반영하고 있다. 중국은 미중 수교 이후 45년 동안 미국이 지배하는 국제정치의 현실을 인정하며 발전해 왔다. 미중 패권전쟁 이전까지는 수많은 굴욕을 인내했다. 도광양회(韜光養晦) 또는 와신상담(臥薪嘗膽)의 정신으로 미국이 주도하는 세계체제 내에서 평화발전을 추구했다.[156]

21세기 들어 미국이 쇠락하고, 자국이 부상하자 중국의 생각이 달라졌다. 중국 역사상 가장 강력한 국가가 된 시진핑 시대의 중국은 2013년부터 미국에 도전하기 시작한다. 미중 관계에서 공정성과 합리성을 강조하고, '신형대국관계'를 주장하며, 지속적으로 대안을 제시해 왔다.

시진핑 시대 중국의 국제질서관은 미국의 패권질서인 '규칙에 기반한 국제질서(RBIO)'를 부정하고 거부하는 것이다. 중국은 미국이 만들어 놓은 국제적인 규칙·질서가 공정하지 않고, 합리적이지도 않다고 본다. 중국은 100년 만에 맞는 국제질서의 대변화 상황에서 더 이상 서구문명의 지배를 받을 생각이 없다.

---

155 존 J. 미어셰이머 지음·이춘근 옮김, 앞의 책, pp.483-491
156 韜光養晦는 자신을 드러내지 않고 때를 기다리며 실력을 기른다. 臥薪嘗膽은 원수를 갚기 위해 어려움을 참고 견딘다는 뜻이다.

이런 인식에 기초한 중국의 세계정세 인식과 국제질서관은 아래와 같다.

① 정세관: 21세기는 세기의 대변화 시대이다

중국은 현 정세를 서세동점의 근대가 종언을 고하고 변화하는 '100년에 없는 대변동 국면'으로 본다. 이 국면에서 중국은 중화민족의 위대한 부흥과 중국의 발전 경로, 자국의 제도와 문화에 대한 4개 자신감을 말한다.

시진핑 주석은 2021년 1월의 다보스포럼과 7월 1일 중국공산당 창당 100주년 기념식 연설 등에서 '세기의 대변화론'을 역설했다. 세계에 '100년 동안 본 적이 없는 거대한 변화'가 일고 있다는 시 주석의 인식은 오늘날 세계질서를 바라보는 중국의 '전략적 선언'이다.

중국이 말하는 '세기의 대변화'는 "강대국의 상대적 지위는 계속 변한다"는 인식에서 출발한다. 중국을 포함한 개발도상국 진영의 부상과 서구 선진국들의 상대적 쇠락, 여기에 '과학기술 혁신'과 '국제질서 변화'가 동시에 일어나는 시대를 의미한다. 중국은 이 변화를 자국의 굴기와 현대화에 유리한 '전략적 기회'로 인식한다. 자국의 부상과 굴기가 국제질서 대변화를 촉진하고 있다고 자부한다.

② 시진핑 중국의 국제질서관

시진핑 시대의 중국이 상정하는 국제질서관은 이전과 다르다. 중국은 미국이 만들어 놓은 규칙·질서를 지키고는 결코 미국을 넘어설 수 없다고 생각한다. 새로운 국제질서와 규칙을 자국의 힘으로 만들려고 한다. 중국의 당면 목표는 과거의 영광을 되찾고, 미국이 중국의 발전을 방해하지 못하게 하는 것이다. 그 과정에서 국제사회의 비판을 무력화하고, 자신들의 정통성을 강화하기 위해서는 부유하고 강대해져야 한다고 생각한다.[157]

중국은 서구와 구별되는 중국적 특성과 전통적인 가치를 주창한다. 신형국제관계, 중국 특색의 대국외교, 중국식 해결 방안(中國方案), 인류운명공동체론 등 4개 외교 담론이 그것이다. 유엔과 BRICS, SCO 등 중요 국제·지역 조직과의 소통을 강화하고, 신흥시장국 및 개발도상국과 협력을 강화하는 것도 중요한 일이다.

현 중국의 국제질서관은 2023년 1월 25일 열린 다보스 화상회의 시 시진핑 주석의 기조연설에 잘 나타나 있다. 이를 중심으로 중국의 국제질서관을 정리하면 다음과 같다.

첫째, 기존 국제질서를 존중하는 것이다

중국은 국제정치 면에서 서방의 가치관이나 미국을 중심으로 한

---

[157] 가와시마 신, "시진핑 정권의 국제질서관 – 국제정치는 국제연합 중시, 국제경제는 자유주의 옹호", 태재미래전략연구원, 2020.2.24.

안전보장체제에 반대한다. 그러나 미국이 주도하는 국제질서에 반대하거나 도전하지 않는다는 입장이다. 아직 약자인 만큼 기존 국제질서 속에서 지속적으로 굴기하겠다는 것이다.

중국은 강해지려고는 해도 패권을 추구하지 않는다. 국제사회의 '공동 번영과 현대화'를 추구한다. 중국은 스스로를 "세계 평화의 건설자, 글로벌 발전의 공헌자, 국제질서의 옹호자로 계속 존재할 것"이라고 규정하고 있다. 그 과정에서 필요하면 '목소리를 낸다'는 것이다.

둘째, 유엔을 중시하고, 다자주의를 촉진한다

그동안 중국은 유엔 중시, 국제질서 옹호, 협력·발전의 길을 강조해 왔다. 세계의 다양한 갈등과 불공평은 유엔의 취지와 원칙이 시대에 뒤처져서가 아니라 유효하게 이행되지 않았기 때문이라고 본다. 이에 중국은 "유엔 헌장의 취지와 원칙을 핵심으로 하는 국제질서와 국제관계를 지키고, 더 공정하고 합리적인 방향으로 발전시키는 것"을 자국의 임무로 삼고 있다.

중국이 생각하고 있는 바람직한 국제질서는 강대국들이 다자주의를 지지하고, 유엔헌장의 취지를 이행하며, 세계 평화와 발전에 공헌하는 것이다. 중국은 패권 이후 국제질서로 유엔과 여러 지역의 협력체들이 중심이 되는 다자주의가 바람직하다고 본다.

셋째, 미국·중국, 중국·유럽 간의 협력을 중시한다

중국은 안정적이고 균형 잡힌 강대국관계의 발전을 중요한 외교 방침으로 삼고 있다. 미중 관계와 관련해서는 "상호 존중과 대등성, 호혜에 기초한 대화와 협력을 강조한다. 화이부동과 화해로운 공생, 상대의 장점에 대한 존중 등을 주문한다. 2023년 10월 9일, 미국 민주당 척 슈머 상원 원내대표 일행을 만난 시진핑 주석은 "변화와 혼란에 직면한 세계는 중국과 미국이 어떻게 지내느냐에 따라 미래와 운명이 결정된다"며 미중관계가 세계에서 가장 중요한 양자관계임을 강조했다.

중국은 또 국제질서의 발전을 위해 전통적인 문명을 창출한 유럽과의 협력을 중시한다. 중국은 "중국과 유럽은 역사·문화 배경과 발전 단계가 다르기 때문에 차이와 불일치가 존재할 수밖에 없다. 그러나 양측은 두 개의 큰 힘이자 큰 문명으로, 세계에 더 많은 안정성과 긍정적인 에너지를 제공할 필요와 능력이 있다.", "세계가 좋아지려면 반드시 강대국이 모범을 보여야 한다. 특히 중국과 유럽이 역할을 발휘해야 한다"고 강조한다.

넷째, 국제경제와 관련 자유롭고 열린 경제무역질서를 강조한다

중국은 IMF, 세계은행, WTO와 같은 기존 경제적 틀은 수용하고 있다. 미중 패권전쟁 과정에서 미국의 관세 공격과 보호무역 정책에는 자유무역을 강조한다. '자유롭고 열린 경제 무역 질서의 옹호자'로 행동한다. 중국은 미국의 탈세계화 정책을 자국의 합리성과 정당성을 강화하는 기회로 이용하고 있다.

결국, 중국은 미국을 중심으로 한 현 질서를 '세계질서'라고 비판한다. 또 "모든 나라에 통용되는 보편적인 가치나 통치 모델은 없다. 한 나라가 결정하면 그만인 국제질서는 존재하지 않는다."라고 주장한다. 국제정치에서 유엔 중시, 국제경제에서 자유롭고 열린 '국제질서'를 추구한다. 세계의 다극화와 국제관계의 민주화도 촉진하고자 한다.

이렇듯 서로 다른 역사와 문명에 기반한 미국과 중국은 자신만의 세계관과 질서관을 갖고 있다. 부상한 중국은 다시 천하의 중심이 되고자 한다. 쇠락하는 미국은 여전히 스스로를 '세계의 등불'로 여긴다. 이런 실정에서 미중 패권전쟁은 문화와 전제가 다른 미중 양국이 '투퀴디데스의 함정'에 빠져서가 아니다. 필시 또 다른 본질적인 이유가 있다. 그것은 '문명충돌'이다.

03

전쟁의 본질은 동서 문명충돌

"역사는 선언할 수 있는 것이 아니라 발견되는 것이며, 늘 논쟁의 대상이다." 역사학도 출신으로 오랫동안 미국의 패권 운영에 관여한 대전략가 헨리 키신저가 말한 '역사의 의미'다.

오늘날 인류가 다시 맞는 지각변동은 단순히 미중 간의 전략경쟁이라는 세력배분 구조의 변화가 아니다. 기존의 자유주의 규칙 기반 질서의 약화, 이를 뒷받침하는 기본 규칙들의 파열·약화 현상이 나타나고 있는 역사적인 변화이자 이동이다.[158]

이런 실정에서 미중 패권전쟁 7년째인 오늘날 세간의 주 관심사는 '미중 패권전쟁의 원인과 본질은 무엇인가?'라는 문제일 것이다.

---

158 전재성, "탈냉전의 종식과 우크라이나 전쟁 전후 세계질서의 변화와 신흥 평화의 가능성", 국제문제연구소 워킹페이퍼 No. 226, 2023. 2. 15.

미중 패권전쟁 이해를 위한 렌즈·프레임

2018년 시작된 미중 패권전쟁의 기원은 신자유주의·세계화의 실패로 인한 미국의 대침체와 쇠락이다. 전쟁은 국제관계의 세력 판도가 크게 흔들리면서 시작되었다. 미국이 쇠락하고 중국이 부상해 양국 간의 국력 격차가 감소하자 미국이 위협을 느끼면서 발발한 것이다.

이 같은 미중 패권전쟁을 이해하는 데 좋은 렌즈는 과연 앨리슨이 제시한 '투퀴디데스 함정'일까? 앨리슨은 미중 패권전쟁의 불씨는 중국의 급부상에 대한 미국의 두려움이라고 주장한다. 틀린 말은 아니다. 미중 패권전쟁 초기 상황을 이해하는 렌즈로는 쓸만하다.

그러나 이는 전쟁 시작 7년이 지난 시점에, 특히 세계사적인 미중 패권전쟁을 설명하는 프레임 렌즈로는 걸맞지 않다. 고대 그리스의 조그마한 도시국가(police) 간의 내전인 펠로폰네소스 전쟁에서 동서양의 끝판왕들인 미중 패권전쟁의 패러다임을 도출하는 것도 무리다.

그렇다면 미중 패권전쟁과 함께 이 전쟁이 야기하는 21세기 초의 세계사적 정세 변화를 이해하는 데 더 적실하고 유용한 패러다임이나 렌즈는 뭘까? 그것은 헌팅턴이 말하는 '문명충돌론'이라는 것이 필자의 결론이다.

과거 전통시대의 패권경쟁은 기존의 패권국과 도전하는 부상국이 서로를 적으로 규정하고 패권 획득을 목적으로 전면전을 벌이는 것이었다. 그러나 핵(核)이라는 공멸 수단이 보편화된 오늘날에는 과거 방식이 아닌 새로운 형태의 전쟁으로 진화하고 있다. 세계의 정치·경제적 지배권을 둘러싼 '규범과 질서의 패권전쟁'이 그것이다.

 사실, 미중 관계가 변하면서 미국 등 서구가 중국과 갈등을 빚는 건 무엇보다 문화와 문명, 체제의 다름을 인정하지 않는 데 있다. 서구 사회는 중국의 굴기와 도전을 충격으로 받아들이고 있다. 서에서 동으로의 역사 이동을 거부하고 강력히 저항하는 모습이다. 특히 자신들의 정치적·문명적 성취를 거의 신화로 여기는 미국은 자국이 중국을 통제할 수 없는 현실을 용인하지 못한다.

 미중 패권전쟁의 다른 한 편인 우크라이나 전쟁은 사실상 미국·유럽 등 서구 진영과 러시아 간의 대결이다. 중국과 러시아는 미국에 대항하며 협력하고 있다. 사우디아라비아 등 서구문명과 다른 이슬람의 중동은 중국 편에 서기 시작했다. 이스라엘과 이슬람 무장 단체 하마스 간의 무력충돌도 비슷한 양상이었다.

 그런 가운데 21세기 초, 지구촌에는 인류 역사에 없었던 거대한 흐름이 일고 있다. 서구 사회는 300여 년 만에 처음으로 유럽 이외의 강력한 이민족을 상대로 단결하고 있다. 비서구 사회 또한 이전 같지 않은 정치적 각성을 바탕으로 서구에 반대하는 모양새로 헤쳐

모이는 중이다.

미중 패권전쟁 이후 이렇게 엄청난 세계정세의 변화를 이해하는 데 유용한 렌즈가 '투퀴디데스 함정'일 수는 없다. '투퀴디데스 함정'론은 앨리슨의 자의적인 역사 해석이자 미국의 자기중심적 논리와 사고, 전쟁의 불가피성을 주지시키려는 프레임 전쟁이다.

역사와 현실 상황을 더욱 넓게 살펴보면 두말할 필요 없다. 미중 패권전쟁을 이해하는 데 유용한 렌즈 또는 프레임은 '투퀴디데스 함정'론이 아닌 '문명충돌'이란 패러다임인 것이다.

2023년도에 본격화한 중국과 중동 국가들과의 밀착, 브릭스의 급속한 확장과 페트로 달러의 균열 조짐은 새로운 문명충돌의 서막이다. 이슬람의 중동과 함께 미국의 앞마당인 중남미의 심상치 않은 움직임도 문명충돌의 본격화 신호다. 아프리카의 움직임은 혁명 수준이다.

세계가 서구와 비서구로 나눠지는 모습이 확연하다. 중국은 유라시아 대륙은 물론 중동과 중남미, 아프리카를 장악할 태세다. 지금 트럼프 2기 정부의 과도한 '미국 우선주의'와 지나친 관세폭탄은 기름에 불을 지르는 것이다. 세계 각 지역에서는 마치 로마제국 말기에 나타난 수많은 이민족의 반발·저항과도 같은 형상이 펼쳐지고 있다.

문명충돌이 미중 패권전쟁의 본질

문명충돌은 '문명에 의한 새로운 전쟁'을 의미한다. 진행 중인 미중 패권전쟁은 갈수록 헌팅턴이 예언한 문명충돌의 모습이다. 탈냉전 직후인 1993년, 사무엘 헌팅턴은 그의 저서 『문명의 충돌』에서 다음과 같이 말했다.

"새로운 세계에서는 문화적 동질성이 한 나라의 우방과 적국을 규정하는 본질적 요인이다. 국제정치에서 한 나라의 문화적 정체성이 그 나라의 위치, 그 나라의 친구와 적수를 규정한다. 탈냉전 시대에는 그동안 부상하지 않았던 정치·경제 외적인 가치인 역사나 언어·종교 같은 문명적 요소의 충돌이 세계를 움직이는 핵심 변수가 된다."

32년 전, 헌팅턴은 현재의 미중 패권전쟁 양상을 예견한 듯, 서구문명에 대한 이슬람문명과 중화문명의 도전을 위협으로 기술하고 있다.

"서구는 도전 의식이 강한 이슬람문명과 중국문명에 늘 긴장감을 느꼈다. 이들과의 관계는 적대적이다. 이슬람과 중국은 서구와 판이한 문화적 전통을 가지고 있지만 서구에 대한 우월감을 갖고 있다. 이 두 문명의 실력과 자긍심은 서구와의 관계에서 점차 커지고 있다. 가치관과 이익을 둘러싼 서구와의 충돌 역시 다양하게 심화되고 있다."

헌팅턴의 예언이 적중하고 있다. 실제로 미중 패권전쟁 과정에서 나타난 제반 현상은 미중 전쟁이 서로 다른 문명, 체제·이념 간의 전쟁임을 확인해주고 있다. 미중 전쟁은 힘의 경쟁뿐만 아니라 양국의 정체성이 자리 잡고 있는 규범 경쟁이자 문명 경쟁이다.

미중 무역전쟁 직전인 2017년 말, 미국의 대 중국 전략보고서는 중국을 경쟁자, 수정주의자, 도전자로 적시했다. 중국과의 경쟁을 장기적인 것으로, 중국의 부상을 미소 냉전시기의 이념적 경쟁처럼 '우리의 가치에 대한 도전'으로 보았다. 미국과 중국의 전략적 경쟁을 사회주의(권위주의) 대 민주주의라는 체제·이념 대립으로 이해한 것이다.

그 연장선에서 미국은 시진핑을 중국이라는 국가를 대표하는 '국가 주석'보다는 공산당 최고지도자인 '총서기(General Secretary)'로 표기했다. 공산당의 붕괴를 최우선 전략 목표로 삼았다. 중국공산당이 인간의 생명과 자유, 행복 추구라는 미국의 절대적 신념과 양보할 수 없는 인권의 가치에 도전하고 있다는 것이었다.

트럼프 1기 정부에서 미국의 패권 전략을 주무르던 스키너 미국 국무부 정책기획국장은 전쟁 시작 직후인 2019년 4월의 한 포럼에서 미중관계를 '문명충돌'의 관점에서 아래와 같이 규정했다.

"중국과의 라이벌 관계는 미국이 이전에 겪지 않았던 다른 문명, 다른 이데올로기와의 싸움이다. 중국의 체제는 서구의 철학과 역사에서 탄생한 게 아니다. 미국 역사에서 백인이 아닌 대단한 경쟁자를 만난 것은 역사상 처음이다."

트럼프 2기 정부 국방부 장관이 된 피트 헤그세스는 2020년 발간한 그의 저서 『American Crusade(미국 십자군)』에서 다음과 같이 중국과의 전쟁이 '성전'임을 강조했다.

"중국과의 갈등은 단순한 패권 싸움이 아니다. 서로 다른 문명 간의 성전이다. 대 중국 외교도 단순한 외교가 아니다. 이념 전쟁이다. 우리는 자유 세계의 십자군으로 우리의 적은 공산주의, 급진 이슬람, 글로벌 좌파 등이다."

역사적인 변곡점이 될 미중 간의 패권경쟁은 결국 문명충돌이고, 체제·이념 전쟁이다. 미국 중심의 기독교 백인 문화와 중국 중심의 비서구 문화권 간의 세계사적인 대결이다. 냉전식의 이데올로기 갈등, 문명의 충돌은 타협이 가능하지 않다. 제로섬 게임으로 양국 중 한 나라가 무너져야 끝나는 장기전이다.

글을 마치며

역사의 변곡점에 선 우리는

이 글의 목적은 한반도의 운명을 가르게 될 대격변기에 한반도 문제의 핵심 변수인 미중관계와 국제질서의 변화를 더 잘 알기 위함이다. 지식의 보고(寶庫)이자 현재와 미래를 비춰주는 역사라는 거울을 보고, 현재를 음미하며, 미래를 준비하자는 것이다.

역사가 말해주는 것들

인류 역사에서 수많은 제국이 세워지고 사라졌지만, 패권 제국의 수립과 강성, 쇠퇴와 몰락은 반복되었다. 그 과정에서 도출된 역사의 법칙이나 자연의 이치는 3개로 요약된다. ① 제국화한 절대 권력은 절대 부패해 절대 몰락한다. ② 오만과 탐욕, 권력욕에서 비롯된 대외 부정의는 국민의 혼을 타락시키고, 반발과 저항을 불러일으켜 국가를 파멸시킨다. ③ 무엇보다 패권 질서는 그 부담으로 인한 상대적 쇠퇴에 따라 붕괴되면서 신질서를 추구하는 국가가 등장한다는 것이다.

또 다른 이치는 역사가 진로를 거꾸로 되돌리는 법이 없다는 것이다. 고대나 근·현대사에서 패권국의 몰락과 세력전이 과정에서 그

흐름과 추세가 되돌려진 적이 없었다. 일단 제국의 국세가 하강 국면에 들어서면 이를 반전시키기 어려웠다.

특히 과거의 유토피아를 찾는 것은 시대착오일 뿐이었다. 몰락하는 제국이 오랫동안 축적된 구조적인 문제를 가졌다면 재건은 불가능했다. 그리스 아테네나 로마제국, 스페인·네덜란드·대영제국 모두 그랬다. 이 법칙은 2000년 중화제국 각 왕조의 흥망성쇠 과정에서도 반복된 공식이었다. 역사가 그렇게 빨간 등을 켜고 경고해도 별 소용이 없었다.

미국의 쇠락과 지구촌 변화

역사를 잊은 민족에게 미래는 없다지만, 역사가 우리에게 주는 교훈은 역사를 잊지 않은 민족이 거의 없었다는 것이다. 최전성기 단극 패권국이 된 미국은 고대 그리스 아테네와 로마제국의 대외 부정의를 닮아갔다. 국민들의 혼이 타락하자 정치·경제가 부패하고, 소수의 엘리트들과 대기업이 정치를 지배하는 미국, 즉 딥스테이트(Deep State)가 되었다.

지금 우리가 아는 미국은 없다. 무너지고 고장 난 정치·행정 시스템 속에서 각종 '미국병'이 만연해 있다. 그런데도 치유 주체인 정치는 기능부전 상태이다. 지난 17년의 재건 노력은 성과를 내지 못했다. 그런데도 트럼프 2기의 정부는 오래전에 '불구가 된 미국'을[159] '다시 위대하게 만들기(MAGA)' 위해 '미국 구하기(Save America)'를 내걸고 있다. 세계를 대상으로 관세·무역 전쟁을 하고 있다.

국제질서의 몰락을 가져온 미중 패권전쟁의 주원인(動因)은 미국의 쇠락이다. 미중 양국의 국력·기술 격차는 미국이 제어하기 힘들 정도로 좁혀졌다. 2018년, 트럼프의 대 중국 무역전쟁으로 시작된 패권전쟁은 지속적으로 악화돼 왔다. 초기 경제·기술전은 정치·군사전으로 확대되었다. 트럼프의 미국이 동맹과 함께하는 전쟁은 신냉전적인 문명충돌의 모습이다.

지난 7년 전쟁은 미국이 중국을 주저앉힐 수 있는 한방이 없다는 사실을 확인했다.[160] 중국의 '중국제조2025'가 일정한 성과를 내기 시작한 2025년 초, 중국의 놀라운 기술 혁신과 자강 노력은 미국에 두려움과 공포심을 더해주고 있다. 트럼프 2기 정부의 보다 강한 '미국 우선주의'와 무분별한 관세폭탄은 미국의 리더십을 수렁으로 빠뜨리고 있다.

지금은 무질서(G0)시대. 미국을 믿을 수 없고, 얻을 것도 별로 없

---

159 도널드 트럼프 저·김태훈 역, 『불구가 된 미국 – 어떻게 미국을 다시 위대하게 만들 것인가』, 이레미디어, 2016.
160 여기서 한방이란 1945년 2차 대전 말기에 미국이 소련의 야욕을 제어하기 위해 급히 개발해 낸 원자폭탄(핵무기)과 같은 것으로, 현재 미중 양국은 미래전에서 승리할 수 있는 최첨단 무기 개발에 사활을 걸고 있다.

는 국제사회는 각자도생하며 국익을 위해 헤쳐 모이고 있다. 크게는 미국 중심의 유럽+나토+쿼두 대 중국 중심의 러시아+브릭스+SCO(상하이협력기구) 간의 대결 양상이 강화되고 있다.[161] 서구 30%, 비서구 70%의 비율로 갈라지는 편 가르기 속에서 특히 글로벌 사우스(Global south: 남반구의 신흥국·개도국)는 중국의 다자주의와 세계화, 경제협력에 호응하고 있다.

역사의 시간과 추세는 중국 편

중국도 미국의 지속적인 타격과 내부의 구조적 문제 등으로 위기에 처해있다. 저성장의 늪에 빠져 허우적거리는 모습이 확연하다. 그럼에도 중국병은 미국처럼 심각하지 않다. 정치·행정 시스템이 건재한 채 자립자강 노력을 강화하고 있다. 2024년부터 화웨이의 성공에서 보듯 미국의 공세가 강화될수록 중국의 맷집과 기술혁신 노력은 더 커졌다. 각종 규제 속에서도 핵심 산업과 첨단무기는 미국을 앞서고 있다. 2025년은 고부가가치 산업 중심의 첨단 제조업 강국을 추구하는 '중국제조2025' 전략이 마무리되는 해이다.

경쟁이 심한 정치세계와 같이 냉엄한 국제사회도 패권국과 도전국

---

161 2024년 말 현재, 미국 중심의 나토 30개국 + 쿼드 4개국(= 총 34개국)에 비해 중국 중심의 브릭스 10개 정회원국과 12개 파트너국 + SCO 8개 정회원국과 9개 파트너국(=총 39개국)을 대비하면 갈수록 미국보다 중국 편(동맹+파트너)이 더 많아지고 있음을 알 수 있다.

간의 힘의 분포가 변하면 움직이기 마련이다. 지난 500년 패권의 역사 속에서 발견된 패권국과 도전국 관계의 변화에 따른 국제사회의 태도 변화 양상은 아래와 같았다.[162]

- ① 도전국 경제(특히 첨단기술 혁신 수준)가 패권국의 70%를 넘으면 적들이 말을 안 듣고 공격하기 시작
- ② " 80%가 되면 진영이나 동맹국들이 말을 잘 안 듣고
- ③ " 90%가 넘으면 파이브아이 등 최측근 국가들도 이탈
- ④ " 한 자릿수까지 되면 그때 미국 패권은 완전히 몰락

아직 제한적이나 지구촌에서 이 시나리오가 현실이 되고 있다. 반패권적인 다극적 세계화와 지역화가 대세다. 2022년부터 세계 각 지역에서의 반미적인 움직임이 활발한 것은 제 ①단계의 현실화다.[163] 미국이 주도하는 '규칙에 기반한 국제질서'는 힘을 잃고, 중·러는 미국에 반기를 들고 있다. 2024년부터 각 지역을 대표하는 대국들이 브릭스에 합류하는 움직임도 심상치 않다. 2025년 초 현재 무려 44개국이 브릭스 가입을 희망하고 있다. 2024년의 예상을 넘는 깜짝 성장에도 불구하고 미국이 제 ②단계 상황을 피해갈 수 있을지는 두

---

162 여기서 유의할 점은 과거에는 단순한 경제력(GDP)·군사력 위주의 국력 수준을 비교했으나 최근 미중 전쟁의 핵심이 첨단기술 혁신 수준이라는 것이다.
163 미국과 중국의 경제력 격차와 관련 중국의 경제규모(GDP)는 2021년 미국 대비 76%까지 올랐지만 2022년 70.6%, 2023년 64%로 뒷걸음질에서 2024년은 65%가 되었다.

고 볼 일이다. "미국에 도전할 나라가 없다"는 말은 통하지 않는다. 지구촌에서 미국을 무서워하는 나라는 많지 않다.[164]

미중 패권전쟁의 결과는 결국 양국의 국력격차가 좌우할 것이다. 앞으로 매년 미국이 1~2%(또는 2~3%), 중국이 4~5% 정도 성장할 경우 2030년경 중국이 미국을 추월하게 된다.[165] 각종 예측은 그 형태와 폭, 시기에 대한 의견이 다를 뿐 중국으로의 세력전이를 말한다.

이 같은 상황 속에서 앞으로 예상되는 미중 패권전쟁은 ① 미국의 대 중국 공세와 국가재건 노력의 성과 여부가 세력전이의 양상·시기를 좌우할 것이다. ② 미국이 중국 굴기를 저지할 수 없고, 중국도 쉽사리 미국을 추월할 수 없어 세력전이는 최소 5년 이상 소요된다. ③ 전쟁의 임계점에서 충돌이 불가피하지만 그 형태는 전면전이 아닌 제한적인 것이다. ④ 승패는 첨단 과학기술에 기초한 AI·우주·사이버·양자기술 전쟁, 즉 미래전에서 결정될 것이다.

양국 모두 결정적인 한방이 없는 실정에서 미중 패권전쟁은 체제경쟁일 수밖에 없다. 누가 자국의 체제를 더 탄탄하게 다지면서 살아남느냐? 특히 전례 없는 국가적 불화와 분열의 위기에 처한 미국

---

164 안드레이 마르티아노프 저·서경주 역, 앞의 책, p.329
165 2024년 미국의 명목 GDP는 27조 4천억 달러, 중국은 17조 7천억 달러로 미국의 65%수준이었다. 2023년 2.5% 성장을 기록한 미국은 최근 '깜짝 성장'을 이어가며 2024년 성장률은 2.5%였다.

의 '더 나은 재건'과 다시 '위대하게(MAGA)'의 성공 여부가 관심사다. 대외적으로는 양질의 우방을 더 많이 확보하는 나라가 국제질서를 주도할 것이다.

지각변동 상황에서 한국이 나아갈 길

한반도 근·현대사에서 100여 년 만에 다시 맞는 대격변기!

미중 패권전쟁으로 인한 국제질서와 패러다임 전환기에 한국도 기로에 섰다. 현재의 분단 한국은 과거 구한말의 대한제국보다 더 위험하다. 역사의 기로에서 과거와 같은 불행을 반복하지 않기 위해서는 지각변동이 우리에게 주는 위기와 기회, 능력을 잘 살펴야 한다. 두 눈을 부릅뜨고, 최선의 선택을 통해 한국의 꿈을 이뤄나가야 한다.

구한말과 같이 무지와 분열, 사대가 여전하나, 오늘날의 한국은 비굴하지 않아도 되는 국제적 위상과 국력을 갖고 있다. 깨어나 행동하는 국민들이 많아졌다. 전혀 새로운 길도 두려워하지 않고 갈 수 있는 힘과 꿈이 있는 나라다.

한국은 대격변의 위기를 대전환의 기회로 만들어 가야 한다.

국민적인 지혜와 역량이 없으면 다시 강대국의 희생양이 될 것이다. 다행히 오늘날의 한국은 역사상 가장 강력한 나라다.

우선적인 일은 미국이 '허락해서 존재하는 한국'에서 탈피(Korexit)

해 미국의 충견·졸개, 괴뢰라는 오명(汚名)을 벗는 것이다. 전략적 자율성이 확보된 주권국가로 거듭나야 우리만의 역사와 희망찬 미래를 열 수 있다. 300년 서구 시대가 저물고, 아시아 시대가 다가오는 역사의 이동은 한국에 진정한 자주·독립의 기회다.

지난 100년의 한국사가 요구하는 '한국의 꿈'은 일제 식민지배 후 못다 이룬 해방과 광복(통일한국)을 완성해 21세기 아시아 시대에 빛나는 '동방의 등불'이 되는 것이다.

1929년 암울한 일제 식민통치 시기, 인도의 시성 타고르는 우리에게 하나의 시를 주었다.

일찍이

아시아의 황금 시대에

빛나는 등불이던 코리아,

그 등불 다시 켜지는 날

너는 동방의 밝은 등불이 되리라!

「 참고문헌 」

▫ 단행본

- 그레이엄 앨리슨 저·정혜윤 역, 『예정된 전쟁』, 세종서적, 2017.

- 金谷治 외 지음·옮긴이 조성을, 『중국사상사』, 이론과 실천, 1996.

- 김남국 외, 『유럽의 역사 화해와 지역 협력』, 이학사, 2019.

- 김대륜, 『패권의 대이동– 세계사를 움직이는 부와 힘의 방정식』, 웅진지식하우스, 2021.

- 김준혁, 『역사는 미래다』, 더봄, 2016.

- 김한규, 『天下國家– 전통시대 동아시아 세계질서』, 소나무, 2005.

- 김한규, 『요동사』, 문학과 지성사, 2004.

- 다마키 도시아키 저·서수지 역, 『아시아가 세계를 제패하는 시대는 다시 오는가?』, 사람과나무사이, 2022.

- 도널드 트럼프 저·김태훈 역, 『불구가 된 미국– 어떻게 미국을 다시 위대하게 만들 것인가』, 이레미디어, 2016.

- 렁청진 지음·이해원 옮김, 『역사를 읽으니 시대의 길이 보이네』, 한길사, 2006.

- 로라 헤인, 마크 셀든 저·정용도 옮김, 『역사 검열과 역사 교육』, 동북아역사재단 번역총서18, 2009.

- 류제헌, 『중국 역사 지리』, 문학과지성사, 1999.

- 레슬리 겔브 저·원은주 역, 『권력의 탄생』, 지식갤러리, 2010.

- 레이 달리오 지음·송이루, 조용빈 옮김, 『변화하는 세계질서』, 한빛비즈, 2022.

- 리처드 노이스타트, 어니스티 메이 저·이호령외 2인 옮김, 『역사 활용의 기술』, 리북, 2006.

- 리처드 니스벳 저·최인철 역, 『생각의 지도- 동양과 서양, 세상을 바라보는 서로 다른 시선』, 김영사, 2021.

- 문대근, 『한반도 통일과 중국- 과거·현재·미래의 한중관계』, 늘픔플러스, 2009.

- 문대근, 『5·18, 6·25, 8·15 진실을 말하다』, 생각나눔, 2020.

- 문정인, 『문정인의 미래 시나리오- 코로나19, 미중 신냉전, 한국의 선택』, 청림출판, 2021.

- 마틴 자크 지음·안세민 옮김, 『중국이 세계를 지배하면』, 부키, 2010.

- 마틴 반 크레벨드 저·김하현 역, 『예측의 역사』, 현암사, 2021.

- 마크 에드워드 루이스 지음·김우영 옮김, 『하버드 중국사 진·한- 최초의 중화제국』, 너머북스, 2020.

- 미야자키 마사카츠 저·박연정 역, 『세상에서 가장 쉬운 패권 쟁탈의 세계사』, 위즈덤하우스, 2020.

- Michael D Swaine/Ashley J. Tellis 공저·이흥균 역, 『中國의 大戰略』, 한국해양전략연구소, 2007.

- 사마천 저·김원중 역, 『사기열전 1, 2세트』, 민음사, 2020.

- 서재진 외, 『세계체제이론으로 본 북한의 미래』, 황금알, 2004.

- 성균관대학교 성균중국연구소 편, 『중국 지도자의 수첩』, 성균관대학교출판부, 2016.

- 선정규, 『중국의 전통과 문화』, 신서원, 2007.

- 손영호, 『역사의 이해』, 학지사, 1999.

- 스콧 로젤, 내털리 헬 저·박민희 역, 『보이지 않는 중국– 무엇이 중국의 지속적 성장을 가로막는가』, 롤러코스터, 2022.

- 안드레이 마르티아노프 저·서경주 역, 『모든 제국은 몰락한다– 미국의 붕괴』, 진지, 2024,

- 안병진, 『미국은 그 미국이 아니다』, 메디치미디어, 2021.

- 안주섭·이부오·이병화 함께 씀, 『영토 한국사』, 소나무, 2006.

- 앨프리드 맥코이 지음·홍지영 옮김, 『대전환』, 사계절, 2019.

- 에드워드 기번 저·송은주, 윤수인 등 6인 번역, 『로마제국 쇠망사』, 민음사, 2010.

- 에이미 추아 저·이순희 번역, 『제국의 미래』, 비아북, 2008.

- 오긍 지음·김원중 옮김, 『정관정요』, 글항아리, 2010.

- 위치우이 지음·심규호, 유소영 옮김, 『중화를 찾아서』, 미래인, 2010.

- E. H. 카 지음·지교철 옮김, 『역사란 무엇인가』, 아름다운날, 2010.

- 이성현, 『미중전쟁의 승자, 누가 세계를 지배할 것인가?』, 책들의정원, 2019.

- 이세기, 『李世基의 중국관계 20년』, 중앙books, 2012.

- 이중텐 지음·심규호 옮김, 『이중텐 제국을 말하다』, 에버리치홀딩스, 2010.

- 이호철, 『추월은 없다: 미중관계의 미래와 한국』, 사회평론아카데미, 2025.

- 임명묵, 『거대한 코끼리, 중국의 진실』, 에이지21, 2018.

- 장웨이웨이 지음·최화 외 옮김, 『세계를 움직이는 중국』, 역락, 2025.

- 정덕구, 『한국을 보는 중국의 본심』, 중앙books, 2011.

- 정세현, 『정세현의 통찰- 국제질서에서 시대의 해답을 찾다』, 푸른숲, 2023.

- 제레드 다이아몬드·김진준 옮김, 『총균쇠』, 문학과지성사, 1998.

- 조지 프리드먼 지음·홍지수 옮김, 『다가오는 폭풍과 새로운 미국의 세기』, 김앤김북스, 2020.

- 조지 프리드먼 지음·홍지수 옮김, 『다가오는 유럽의 위기와 지정학』, 김앤김북스, 2020.

- 조지프 A 테인터 저·이희재 역, 『문명의 붕괴』, 대원사, 1999.

- 조지프 S. 나이 지음·이기동 옮김, 『미국의 세기는 끝났는가』, 프리뷰, 2015.

- 존 J. 미어샤이머·이춘근 옮김, 『강대국 정치의 비극』, 김앤김북스, 2018.

- 즈비그뉴 브레진스키 지음·황성돈 옮김, 『전략적 비전』, 아산정책연구원, 2016.

- 최영진, 『동아시아 국제관계사』, 지식산업사, 1996.

- 카를 폰 클라우제비츠 저·류제승 역 『전쟁론』, 책세상, 1998.

- 칼 라크루와, 데이빗 매리어트 지음·김승완, 황미영 옮김, 『왜 중국은 세계의 패권을 쥘 수 없는가』, 평사리, 2011.

- 콜린 플린트 지음·한국지정학연구회 옮김, 『지정학이란 무엇인가』, 도서출판 길, 2006.

- 투퀴디데스 저·천명희 역, 『펠로폰네소스 전쟁사』, 도서출판 숲, 2011.

- 파라그 카나 저·고영태 역, 『아시아가 바꿀 미래』, 동녘사이언스, 2021.

- 폴 케네디 저·이일주 역, 『강대국의 흥망』, 한국경제신문사, 1990.

- 플라톤 저·이기백 역, 『클리톤』, 이제야북스, 2014.

- 헨리 키신저 지음·권기대 옮김, 『중국 이야기』, 민음사, 2012.

- 헨리 키신저 지음·이현주 역, 『헨리 키신저의 세계 질서』, 민음사, 2016.

□ 논문, 글 등

- 가와시마 신, "시진핑 정권의 국제질서관- 국제정치는 국제연합 중시, 국제경제는 자유주의 옹호", 태재미래전략연구원, 2020.2.24.

- 구갑우, "한반도 평화체제의 역사적·이론적 쟁점", 2019 탈분단경계문화연구원 국제학술회의 자료집 『신뢰의 조건과 평화프로세스』, 2019.11.7.

- 권석준, "미중 인공지능- 반도체 기정학 경쟁의 함의", 성균차이나브리프 통권 75호, 2025.4.1.

- 김문식, "이홍장의 외교적 목표", 다산연구소 실학산책, 2010.12.24

- 김정섭, "자유주의 패권의 종말: 미·러 종전 협상의 전망과 함의", 세종포커스, 2025.2.28.

- 김종범, "주요국 우주패권 경쟁과 국방 우주", 『우주정책연구』, 2021 Vol 14.

- 김지훈, "'투키디데스의 함정'에서 벗어나기: 투키디데스의 가르침 재조명", 『국제정치논총』 제60집 제4호, 2020.12.7.

- 김흥규, "절벽 위에 선 대한민국", 김흥규의 외교만사 外交萬思, 경향신문, 2024.12.12.

- 류루이, "중국 경제의 현황과 미래 전망", 성균차이나브리프 통권 73호, 2024.10.1.

- 미국 전략국제연구센터(CSIS), "트럼프 2기 시대의 미중 관계: 협상 가능성과 구조적 갈등", 인천연구원 한중Zine Vol. 581, 『최신중국동향』, 2025.3.26.

- 박명림, "한반도 정전체제: 등장, 구조, 특성, 변환", 『한국과 국제정치』, 제22권 1호, 2006 봄.

- 박명림, "통일과 평화- 한국문제의 역사와 현실", 네이버 열린연단 자료, 2015.

- 박성래, "재미있는 과학 이야기", 『서해문집』, 1998.

- 박성우, "현실주의 국제정치이론에서 '투키디데스 읽기'의 한계와 대안의 모색", 『국제정치논총』 제48집 3호 2008.9.

- 박성우, "플라톤의 〈국가〉에 나타난 국제정치사상- 정의(正義)의 국제정치적 확장 가능성", 『21세기정치학회보』 제26집 제1호, 2016.03.

- 박성우, "플라톤 정치철학과 아테네 제국", 『21세기정치학회보』, 2018, vol.28, no.1.

- 성균관대 성균중국연구소(SICS), "2025 양회 분석 특별리포트: 소비와 과학기술을 통한 위기관리와 미래전략", 연구보고서(25-01), 2025.3.10.

- 유재광, 조은교, "중국의 미래 2030- 정치, 경제, 대외관계의 미래를 중심으로", 국회미래연구원 연구보고서 20-12호, 2020.12.31.

- 장윤미, "전환기의 세계와 중국의 변화, 그리고 우리의 대응", 인천연구원 한중Zine Vol. 581, 인차이나브리프, 2025.3.26.

- 전재성, "미국의 방위산업체 현황과 미국의 동아시아 전략", 국제문제연구소 미래전연구센터 워킹페이퍼 No.48, 2020.7.6.

- 정재흥, "트럼프 2기 행정부 출범과 미국의 대외정책 전망", 『세종정책총서』 2024-02, 2025.1.16.

- 차영길, "폴리비우스의 역사 해석-『역사』 6권의 '아나키클로시스'를 중심으로", 경상대 『서양고대사연구』, 2018, vol., no.51.

해외문헌과 각종 국내외 언론 보도, 인터넷 검색자료 등은 생략함.